PARTNERS' BOOK FOR YOUNG TEACHERS

若い先生のパートナーズBOOK
授業づくり

5秒で授業に熱中!
面白導入ネタ 45選

村野 聡
編著

JN195078

学芸のみらい社

まえがき

あなたは授業の導入をどうしていますか。

例えば、低年年の国語の導入ネタ。

> 先生は間違えて読むので、間違いに気付いたら手を挙げて「ダウト！」と言ってください。

こう導入すれば、1年生の聞く態度がガラッと変わります。

また、中学年の算数の導入ネタ。

> T「特別じゃんけんだよ。指が1本、2本、3本、…5本まで。」
> T「じゃんけん、ぽん！」
> 子どもは、たいてい5本出す。教師は、5本以外なら何本でも良い。
> T「8！」
> 子どもは、きょとんとしている。勘の良い子は、分かる。教師は、自分の手と子どもの手を、皆に見えるように高く挙げる。子どもは5本、教師は3本、合わせて8本。まだわからない子がいる。
> T「5と3で8。先に言った方が勝ち。」

これも実に楽しい授業になります。

　本書はこのような楽しい授業の導入ネタを国語・算数・社会・外国語について記しました。

若い先生にとって授業の導入ネタをたくさん知っておくことは極めて重要です。

授業の導入が面白くなくては、1時間の授業が面白くなりようがないからです。

まずは授業の導入ネタを知ることです。子どもがパッと惹きつけられる授業の導入です。

本書で得た授業の導入ネタをぜひ使ってみてください。

きっと、いつもの授業よりも子どもの反応がよくなるはずです。

もし、子どもの変化が感じられれば、その導入ネタを別の授業でも応用してみてください。

きっと、素敵な授業の導入ネタを開発することになります。私も若い頃、授業の導入ネタに初めて成功した時から、授業を考えることがとても楽しくなりました。

ぜひ、本書をお読みになり、ピンと来た導入ネタを授業に取り入れてください。

子どもの変化にきっと、感激されることでしょう。

今回、本書の執筆をすすめてくださった学芸みらい社の樋口雅子氏に心より感謝の気持ちをお伝えいたします。

この本がより多くの若い先生の手に届くことを期待しております。

2025 年 1 月 8 日

村野　聡

目次

まえがき ……2

本書の構成 ……6

第1章 国語授業の導入ネタ

1 先生が間違って読むよ（1・2年）ダウト読み ……10

2 思考ツール「〜のカード」づくりのススメ（1・2年）ブックトーク（調べ学習編）……12

3 「おおきなかぶ」の実演版（1・2年）物を準備する……14

4 最初の範読でクイズ出題しながら教科書から答えを探す（1・2年）クイズ形式……16

5 話したいな・聞きたいなという思いを育てる（1・2年）話すこと・聞くこと……18

6 文のどこの絵?ナゾ解きで深く読む（3・4年）挿絵の一文、はどこか?……20

7 子どものクイズ好きをくすぐると―（3・4年）まちがい漢字とイラスト漢字……22

8 「この字何の字」で漢字ハカセを目指そう（3・4年）「字解き」で漢字を説明しよう……24

9 子ども熱中「先生問題の源流」探し（3・4年）物語文で「五・七・五」……26

10 スピーチ練習を3倍楽しくする仕掛け（3・4年）スピーチの授業はルーブリックの導入で……28

11 子どもと物語のイメージを共有（5・6年）物語世界の解像度を上げよう!……30

12 物語の構造をくっきりつかむために（5・6年）「物語の法則を使いこなそう！」……32

13 単元はじめの感想文を授業に生かす（5・6年）感想を発問に昇華させよう！……34

14 難しい説明文読解は画像、動画で（5・6年）説明的文章は「画」から入ろう！……36

15 ゲーム性が生まれる17字以内のタイトルづくり（5・6年）稼げる要約を書かせよう！……38

第2章 算数授業の導入ネタ

1 リズムで覚える5と10の合成や分解（1・2年）ごまだんご・ごままんじゅう……42

2 じゃんけんを使って楽しく学習（1・2年）算数じゃんけん……44

3 当番活動にも使えるヨ！（1・2年）児童が作った形でフラッシュカード……46

4 アルゴリズムで楽しく計算する（1・2年）繰り下がりのあるひき算 筆算……48

5 困難点を克服するサンドイッチ法（1・2年）九九を楽しく身に付けるアイディア……50

6 子どもがやる気になる授業開き（3・4年）「数列」―難しくなったらお隣と相談！……52

7 子どもがやる気になる授業開き（3・4年）「激辛たこ焼き」……54

8 子どもがやる気になる授業開き（3・4年）「フラッシュカード」―0〜9までを用意！ドン……56

9 子どもがやる気になる授業開き（3・4年）「○に線」―今までの学習がオール集合……58

5

10 子どもがやる気になる授業開き（3・4年）「いきなり授業」——いきなり算数でドン！……60

11 比べられるようにするヒント学習（5・6年）「単位量あたりの大きさ」……62

12 そろえて比べる！（5・6年）「速さ」……64

13 百分率と歩合は何がちがう？（5・6年）「割合」……66

14 難しいから想像しやすいものに置きかえる（5・6年）「比」……68

15 形は同じで大きさがちがうを理解！（5・6年）「拡大と縮小」……70

第3章 社会授業の導入ネタ

1 自分の歩いている位置を確認しながら（3年）まずは校舎内で「学校探検」を！……74

2 レシートはすべて知っている（3年）「お店やさん」の導入はレシートを使う……76

3 先生ってスゴイ！子どもがリスペクトするスキル（3〜6年）「現地で手に入れた資料を使おう」……78

4 ストリートビュー・先生はどこ？（3〜6年）「GIGAの発想で、バーチャル校外学習」……80

5 学習課題へのプロセスが明示できる（4年）「水はどこから」の導入は単元を貫くイラスト資料で……82

6 ごみは社会を学ぶマドだ！（4年）「ごみ単元」の導入は「ごみ袋」で……84

7 地域の人々の取り組みを調べる（4年）地域の「自然災害」の実態を知る……86

8 地図が読めるとカッコイイよね！（5 年）「5 分間地図帳」……88

9 資料の読み比べへのいざない（6 年）「導入に効果的な問い①②」……90

10 子供を社会科好きにする魔法の言葉（6 年）「導入に効果的な問い③④」……92

第4章 外国語授業の導入ネタ

1 歌って踊って気持ちをリセット（1 ～ 4 年）いきなりエクササイズ……96

2 歌で授業を始めよう！（全学年）歌はオープニング♬……98

3 リズムボックスで惹きつける！（全学年）次の活動へパッと切り替え」……100

4 はたして全員を惹きつけている!?（3 ～ 6 年）いきなり質問×いきなり練習○……102

5 辞書に慣れ親しませ自ら調べる子に?!（5・6 年）English Dictionary で辞書早引き……104

あとがき……106

国語授業導入「い・ろ・は」

村野 聡

　こんな考え方の人がいます。
「国語の導入で授業を盛り上げよう」
　そこで、何か面白そうな導入を考えます。
　例えば、こんな導入をしたとします。

---

① 自動車の説明文の導入で教師がタクシーの運転手に
　キャラを変えて登場しよう。
② 書くことの指導の導入で子どもたちの好きな人気キャ
　ラクターがねらいを説明するようにしよう。

　一見、面白い導入になりそうです。
しかし、残念ながら上記の導入は功を奏しません。
　なぜでしょうか。
1は教師がタクシーの運転手にキャラ変しても、説明文の内
容に興味を持たせることはできないからです。
2は授業のねらいと関係のないキャラクターが登場して説明
しても「書くこと」への興味を持たせることはできません。
導入で必要なことは次の通りです。

　その導入が、ねらいを達成するために授業の最後まで
　意味を持ち続けているか。

　これこそが大切な導入の原則なのです。

第1章

国語授業の導入ネタ

第1章 —国語1

国語1・2年＝先生が間違って読むよ
ダウト読み

小泉町香

導入のネタ

「先生は間違えて読むので、間違いに気付いたら手を挙げて『ダウト！』と言ってください。」

これだけで子供たちは先生の範読を前のめりで聞くようになる。

「スイマー」（スイミー）

集中して聞いていた子が、すかさず「ダウト！」と言う。

しっかり聞いていたことを褒め「スイマーではなくて、スイミーですね。」と言い、本文を読み進める。

T「からすよりも　まっ黒。」

C「ダウト！『からす』じゃなくて『からす貝』です。」

慣れてきたら、どこが違うのか子供に言わせる。

さらに、ダウトと言った子が挙手していた他の子を当て、間違えている言葉を聞いても良い。そうすることで、子供同士のつながりもできる。

間違いを見つけ、我先にと手を挙げようとすることで、文をよく見るようになり、内容も自然と頭に入ってくる。

そのうち本文を覚えるまで読み込み、教科書を見なくても「ダウト！」と言ってくるようになる。

導入のポイント

分かりやすい名詞からダウト!
T「スイマー」
C「ダウト!」
T「スイマーではなくて、スイミーですね。」

慣れてきたら形容詞をダウト!
T「かわいい まぐろ」
C「ダウト!」
「かわいい ではなくて
　おそろしい まぐろです。」

少し難しい修飾語もダウト!
T「ひとりで およぐんだ。」
C1「ダウト!」
C2「ひとりで ではなくて
いっしょに です。」

導入後の展開

☆友達同士でもダウト読み☆
まず、どこを間違えて読むか1ページ2,3か所程度線を引かせ、違う言葉を書かせておく。言葉を選ぶ際に、ここは大切だなと思うところを選ばせる。
音読の宿題で、ダウト読みをする児童も出てくる。

第1章 —国語2

国語1・2年＝思考ツール「〜のカード」づくりのススメ
ブックトーク（調べ学習編）

小泉町香

導入のネタ

「ブックトーク」とは、テーマに関する本を順序よく紹介する活動である。調べ学習を始める導入で行うと、様々な本に触れさせ、本の幅を広げることができる。

1. テーマを決める。
2. テーマに沿った本を選ぶ。
3. 紹介するシナリオを考える。
4. ブックリストを準備する。（必要な時）

導入のポイント

〜「どうぶつカード」を作ろう〜の学習活動を例に挙げる。

1. テーマ「どうぶつ」
2. 調べ学習で使える「どうぶつ」に関する本
3. 1回のブックトークは5〜7冊程度が適当。クイズや豆知識から入り、図鑑やシリーズ本の紹介で終わるなど、全体的な流れを考える。小道具や拡大写真などを使うことも効果的。続きを読みたいと思わせるようにすることがコツ。

4. 本の紹介後に配付。普段から子供が自分で見つけられるように所在記号を記載するとよい。校内で共有しておけば次年度、同じ単元で参考になる。

導入後の展開

ブックトーク後に、自分が興味ある動物の本を読む。
どの動物のカードを作るか決まったら、思考ツール「のカード」にメモしていく。

① 花の真ん中には、調べたい動物を書く。
② 花びらには、その動物の知りたいことを書く。
③ 外枠には、自分の予想を書く。
④ 枠外には、本で調べたことと『出典名』を書く。

右写真は、ある女の子が書いた「のカード」である。

① うさぎ
② 食べ物
③ にんじん、きゅうり（予想）
④ にんじん、きゅうり
　　レタス、キャベツ『書名』

　知りたい、調べたいと思える導入の一つとして「ブックトーク」はとっておきの手段である。
　読書の幅を広げたい、同じ作者の本を紹介したい時も、5分あれば子供の興味を惹きつけられる。国語のみならず、様々な教科等で応用可能である。

第1章 —国語3

国語1・2年＝「おおきなかぶ」の実演版
物を準備する

小泉町香

導入のネタ

「おおきなかぶ」の役割演技。

白いゴミ袋をふくらませ、5mの緑スズランテープの真ん中に結びつける。

T「これはなんでしょう？」 C「かぶ！！」

テープ片方は椅子にくくりつけ、片方は子供たちが役になりきって引っ張る。物があるだけで目の輝きが違う。

机はコの字型。おじいさん、おばあさん、まご、いぬ、ねこ、ねずみ役の6人がコの字型の真ん中に入る。

役になりきった6人以外のクラスメイトは、教科書を立てて、音読。物語の世界が目の前にある臨場感。いつもより気合が入る。「うんとこしょ。どっこいしょ。」学校中に響き渡るような声。みんな揃って声を出す一体感が味わえる。

低学年は読む時にイメージすることが難しいので、具体物を使うことをお勧めする。特に役割演技や音読発表会などの導入で「これはなんでしょう？」と投げかけ意欲を喚起させるのだ。重要なもの、ひとつで良いのである。「おとうとねずみチロ」では手紙。「名前を見てちょうだい」では赤い帽子。という具合に物を準備すれば、自然と動きも出てくる。動き

が出てくれば、その場の様子や心情なども想像しやすいだろう。

導入のポイント

一単元に一つ準備できれば十分
　あれもこれも準備していては疲れてしまう。あの時だけ、にならないよう、簡単に準備できる物にしよう。

お話の重要なものを選ぼう
　重要人物ならぬ重要もの。なんでも良いというわけではなく、これがあれば臨場感が湧くものを選択しよう。

ベテランの先生も欲しいはず！
　「これ、もし使えそうなら使ってください！」単元に入る前に共有しておくと、嬉しいはず。give&takeの精神で。

導入後の展開

☆メッセージを書いて掲示しよう☆
例えば「かぶ」に対してのメッセージならば、「みんなでたべられるように、おおきくなったんだね。ありがとう。」等、全員が画用紙に寄せ書き、ものと一緒に掲示するだけ。みんなの考え、思いが共有出来ること間違いなし！

第1章 —国語4

国語1・2年＝最初の範読でクイズ出題しながら教科書から答えを探す

クイズ形式

小泉町香

導入のネタ

　単元の導入でいきなりクイズ！読みたいと思わせよう。

① 物語文の導入でクイズ

<u>1年生「かいがら」</u>

「自分が一番好きなものを友達が欲しいと言った時、あなたならどうする？」と問いかける。

1. あげない　2. あげる　3. その他

その他に手を挙げた子にどうするか聞いてみても良い。

「くまのこは、どうしたかな？」ここでクイズを出す。

1. あげなかった　2. あげた

正解は…答えが載っている文章、読んでみたい？ と言って、教科書を読み始める。答えを見つけたら線を引かせる。

② 説明文の導入でクイズ

<u>2年生「たんぽぽのひみつを見つけよう」</u>

「この花はなんでしょう？」根だけ見せる。小さな花を見せる。シルエットにしても面白い。子供たちから「たんぽぽ」と答えが出る。次が本番。「たんぽぽは、よるのあいだ どんなようすでしょうか。」

1. はながひらく　2. はなはずっととじている

正解は…上記同様に進める。

導入のポイント

謎は解明したくなる！

「えっ？」と思わせよう

　誰もが知っていることよりも、「どっちだろう…」と悩ませるクイズを考えよう。選択肢に「その他」も入れると思考が広がる。

答えは教科書にある！

答えに線を引かせよう

　どこに答えが書いてあったか読み終えた後に発表させよう。そのためにも「答えに線を引く」ことを習慣化させると良い。

クイズは3つ　前・中・後！

最後まで集中させよう

最初の範読では、3つ程度クイズを出しておく。前半、中程、後半に答えを見つけられるようにクイズを作ると効果的である。

導入後の展開

☆子供にクイズを出してもらおう☆

一度読んだ後なので、答えはおおよそ分かるだろう。
子供が全体へ向けてクイズを出す時は、答えの文を聞くようにすると良い。班対抗にして、話し合う時間をとる。
全員が一致して答えの文に線を引いたら手を上げる。理由も言えるようになると、討論へ発展する可能性もあり！

第1章 —国語5

国語1・2年＝話したいな・聞きたいなという思いを育てる
話すこと・聞くこと

小泉町香

　低学年は特に、話すこと・聞くこと単元が多い。国語のみならず、全教科等の基礎基本となる領域である。低学年のうちにしっかり身に付けさせたい力だからこそ、「話したいな」「聞きたいな」という思いを大切に育てたい。

導入のネタ

① **マイクでニュースキャスター風インタビュー**

　話す内容をメモする前に、数人にインタビューをしてみよう。全くイメージが湧かない子でも、実演を見ると想像しやすいだろう。

　例えば、<u>1年生「すきなきょうかを はなそう」</u>の単元。
T「すきなきょうかは なんですか？」C「こくごです。」
T「なぜですか。」C「本を よむことが すきだからです。」
おもちゃマイクを使ってインタビューをする。

　「明日メモに書けるように、考えておいてね。」と前日にインタビューしておくと、理由を考えてくる子も出てくる。

② **ミュージックでシチュエーションを作ろう**

<u>2年生「みんなで話し合おう」</u>

　バックミュージックをかける。「音が聞こえる声の大きさで話します。」グループで話すときに大きな声で話すと、他

のグループに迷惑である。雰囲気作りの要素もあるが、声の大きさを調節する面でも役に立つ。

導入のポイント

教科書を活用しよう
教科書の特徴をつかんで生かそう
教科書のQRコードやデジタル教科書は動画を見ることができる。モデル文もある。先生がよくない手本を見せても面白い。

話すグループ 見るグループ
交代して全員が参加しよう
「見るグループ」は良かったところを伝える。話すことが難しい児童は、最初見るグループにして話し合いをたくさん見る。

メモを読んでもOK!
緊張する子供へ配慮しよう
声が小さかったり、緊張したりして話せない子には、メモを読んでも良いとして、なるべく抵抗をなくすようにしよう。

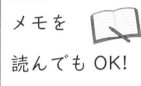

導入後の展開

☆学んだことをトレーニングしよう☆
国語の時間だけではすぐ忘れてしまいがち。日直のスピーチにアレンジして毎日取り入れる。生活科の話し合いで言葉をつないで話し合う。継続は力なり。最初話せなかった子供も場数を踏めば、きっと話せるようになるはず！

第1章 —国語6

国語3・4年＝文のどこの絵？ナゾ解きで深く読む

挿絵の一文は、どこか？

千葉雄二

導入のネタ

教材文には、挿絵がある。

国語が苦手な子でも挿絵が好きな子は多い。

挿絵は、話のある一場面を切り取って描かれていることが多い。

つまり、挿絵と一文は一致させることができるのである。

説明文も同様に、図や表の一文が確定できる。

「挿絵の一文は、どこか？」このように問うことで、子どもたちは熱中して教材文を読む。

読んで、確認したくなるのである。

まず、挿絵に番号をふらせる。

次に1つの挿絵を選択し、例示をする。

この時に選ぶ挿絵は、順番である必要はない。

クラス全体で確認するので、やや難しい挿絵を選ぶとよい。

「一文に線を引けたら、持ってきなさい。」

どこに引いたのかをチェックし、確認する。

教師は、一文に丸をつける。

この時の丸は、正解の丸ではない。

自分の意見をきちんと確定させた丸である

そして、簡単に意見を言わせて、一文を確定させる。

第1章 | 国語授業の導入ネタ

例示が入ったら、残りの挿絵の一文を考えさせる。

導入のポイント

「挿絵に番号をつ
けます。書けたら
お隣と確認しま
す。」

挿絵に記号、番号をつけさせる。
ナンバリングすることで、検討がやりやすくなる。
書かない子もいるので、必ず書けているかチェックをする。

「一文に線を
引けたら、持って
きなさい。」

一文に線を引かせ持ってこさせる。
一文を理解していない子もいる。
持ってこさせ、チェックをする。
引いてきた一文に丸をする。
この丸は、称賛の丸である。

「どうしてそこに
引きましたか？
理由を発表しま
しょう。」

一文を検討させる。
なぜその一文になるのか？理由を発表させる。
ここは例示なので、意見が分かれた時は、教師が確定させる。

導入後の展開

☆まず、自分で一文を確定させる時間をとる。
その後、グループで、一文を検討させるとよい。
「意見が合わなかったところはありませんか？」このように聞いてクラス全体で検討し、一文を確定する。

第1章 —国語7

国語3・4年＝子どものクイズ好きをくすぐると—

まちがい漢字とイラスト漢字

千葉雄二

導入のネタ

まず、いきなり左下の画面を提示する。

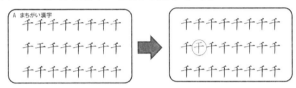

たくさんの「千」の中に「干」が入っている。

「A　まちがい漢字」の問題である。

次に、「B　イラスト漢字」の画面を提示する。

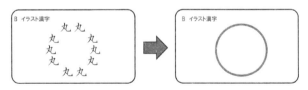

イラスト漢字は、漢字でイラストをかいたものである。

このように例を示し、子どもたちに聞く。

「今日は、みんなに問題をつくってもらいます。どちらをつくってみたいですか？」

子どもたちに選択をさせ、問題をつくらせる。

選択肢を入れることで熱中度が増す。

ノートやワークシート、学習用端末で作成させる。

第1章 | 国語授業の導入ネタ

導入のポイント

A まちがい漢字を提示する。

「一つだけ違う漢字があります。
どこでしょう。わかったら静かに立
ちます。」
導入はテンポよく行う。

B イラスト漢字を提示する。

「どんなイラストか分かりますか。」
お隣と話してごらんなさい。」
「池」の文字は青色、「魚」は赤色で
示すとよい。例えば、池に赤い魚が
いるというイメージである。

A・B 混じった問題を提示する。

「これ、A、Bどちらの問題ですか？」
「B イラスト漢字」と答える子が
が多いが、「氷」に気付く子がいる。

どちらもという例示もしておく。

導入後の展開

☆「Aまちがい漢字」「Bイラスト漢字」をつくらせる。
できたら教師の所へ持ってこさせ、称賛する。
そして、二作目をつくらせる。
その後、グループや全体で問題を出し合う。
「Aまちがい漢字」は、「3つまちがいがあります。」など
のヒントを出させ、交流させるとよい。

23

第1章 —国語8

国語3・4年＝「この字 何の字」で漢字ハカセを目指そう

「字解き」で漢字を説明しよう

千葉雄二

導入のネタ

　伝統的な言語文化の1つに「字解き」がある。「字解き」とは、「ある文字が他の字と間違えないように説明をつけること」である。
例えば、「川」と「河」。「三本ガワのかわ」「サンズイのかわ」と説明することができる。「字解き」は、主に①部首　②音・訓　③熟語　④特徴　これら4つの視点を用いて伝えられることを指導する。この4つの視点で「字解き」をすることにより、漢字にさらに関心をもつことになる。
中学年になると飛躍的に習得しなければならない漢字が増える。児童は、へんとつくり、音・訓に着目し、漢字に親しむようになる。本単元ではさらに漢字に親しむために、「字解き」によって、漢字の特徴をつかませ、説明させる。

　「字解き」で漢字を説明する活動を通して、子どもが主体的に「字解き」という視点で漢字を分析することにより、漢字の理解を深め、語彙の習得につながる。また、同じ漢字でも視点によって表現方法が異なる。友達と考えを交流させることにより、一人一人の考え方や感じ方に違いがあることに気付くことができ、言語感覚を養うことになる。

導入のポイント

「漢字一文字で『ジ』を書きなさい。」

「ジ」の漢字を書かせる。
地、字、時、自、寺…などたくさんの漢字がある。
他にも「かわ」「さい」など同音異義語を漢字を一文字で書かせるのがポイントだ。

「『字』を書いてほしかったんだけど、みなさんならどんな説明しますか？」

「字」の説明をさせる。
①うかんむりに子
②文字の字、漢字の字
③六画　など
「字」の漢字を説明させる。

「ある文字が他の字と間違えないように説明をつけることを『字解き』と言います」

字解きの4ポイントを知らせる。
①部首②音・訓③熟語④特徴で字解きができる。
「うかんむりに子」は①部首、で「文字の字」は③熟語、「六画」は、「特徴」の字解きである。

導入後の展開

☆「斉」「斎」「齊」「齋」の4つを説明させる。
その後自分の名前を字解きさせ、交流させる。
例えば「千」一十百千の千、ノに十、千葉県の千など様々な字解きが考えられることを知る。
新出漢字を見た時に「字解き」と言うだけで、漢字の分析が出来るようになる。

第1章 —国語9

国語3・4年＝子ども熱中「先生問題の源流」探し

物語文で「五・七・五」

千葉雄二

導入のネタ

「ノートに写します。」

いきなり次の文を板書する。

> あなの中　外へも出られず　ごんぎつね

「書けた人は立ちます。」

半分くらい立ったところで、次のように問う。

「千葉先生は、どの文からこの五・七・五（俳句）を作ったでしょう。」

子どもたちは、あわてて教科書を読む。

「ここだと思った一文を読みます。」

子どもたちは、「二、三日雨が〜」の一文を自信満々に読む。

「素晴らしい。大正解。教科書。今読んだ一文に赤線を引きなさい。」

「ノートに〇ページ〇行目と書きます。」

「もう一問出します。」

同じように五・七・五、赤線、ページ数を書かせる。

「ごんぎつねで終わるように、五・七・五をつくります。五・七・ごんをたくさん作りなさい。」

子どもたちは、様々な場面からごんぎつねの五・七・五をつくる。

導入のポイント

「あなの中　外へ　も出られず　ごんぎつね」

五・七・五を書かせる。

いきなり板書する。

そして、正確に視写させる。

書けた子を立たせることでクラスの書くスピードが上がってくる。

教科書から一文をさがさせる。

子どもたちは、クイズのようになるので、読みなさいと言わなくても教科書を読む。

「どの文から五・七・五を作ったでしょう。」

五・七・ごん

赤線を引く、ページ数と行数を書かせる作業を確実にさせる。

五・七・五を多作させる。

ごんぎつね（主役）で終わるように五・七・五をつくらせる。

「ごんぎつねで終わるように、五・七・五をたくさん作ります。」

順番でなくてもよい。

様々な場面からつくることで、ごんの様子がよくわかるのである。

導入後の展開

☆できた「五・七・ごん」をどの文から作ったのか？

クイズのように交流して楽しむことができる。

その後、時系列に並べたり、場面ごとにまとめたりすることができる。

並べるとどんなきつねなのかがよくわかる。

兵十（対役）でも行うと比較することも可能となる。

第1章 —国語 10

国語3・4年＝スピーチ練習を3倍楽しくする仕掛け
スピーチの授業はルーブリックの導入で

千葉雄二

導入のネタ

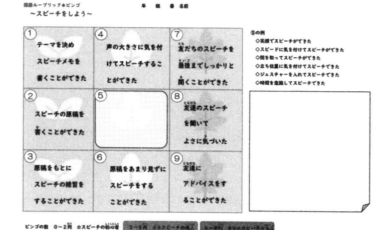

ルーブリックを配るだけで学習の見通しがもてる。

①②③は、原稿を書く項目。④⑥は、話す項目。

⑦⑧⑨は、聞く項目になっている。

このルーブリックは、ビンゴ型になっているのでやっていない項目を子どもが主体的に挑戦する。

⑤の空欄は、自分で項目を記入する。

記入することでビンゴの数が増える仕組みである。

第1章 | 国語授業の導入ネタ

導入のポイント

「スピーチのルーブリックです。読みます。
①…。②…。」

ルーブリックを音読させる。
①から⑨まで音読させる。
音読することでスピーチの授業の学び方が理解できる。
やることがはっきりわかる。

「この時間に、これだけは絶対にやりたいものを選びなさい。」

めあてを自分で決めさせる
欲張らずに、この時間にできるようになりたいことを選択させる。
めあては途中で変わってもよい。
意識させることによってスピーチ技能は向上する。

「⑤は自分で書きます。書くのは先でも後でもいいです。」

⑤の空欄を考えさせる。
例示を参考にさせる。
もちろん自分で考えさせてもよい。どんなことができるようになりたいのか？できるようになったのか？その子らしさが表れる。

導入後の展開

☆スピーチは原稿が必要である。教科書の例文などを参考にアウトラインを教え、どの子も書けるように指導をする。

声の大きさ、表情、目線などを意識させ、スピーチ練習を楽しく行う。学習用端末の録画などが有効だ。

ルーブリックの大きな空欄には、振り返りを書かせる。

第1章 —国語11

国語5・6年＝子どもと物語のイメージを共有
物語世界の解像度を上げよう！

増田直純

物語設定を確認する

　作品を読んで物語を楽しむこと。

　それが文学的文章を読む上での最初の目的だ。

　しかし、子どもと文章を読んでいると、意外にイメージがずれていることに気付く。

　まずは、物語設定を確認して、最低限のイメージを共有しておく必要がある。

　物語設定の基本は「いつ」「どこ」「だれ」だ。

　叙述をもとに確認し、正しく物語世界を想像させたい。

物語の解像度を上げる

　叙述をもとに物語設定を確認したら、「いつ」「どこ」「だれ」の解像度を上げていく。

　登場人物の年齢は？　この地名は実在する？

　現代、それとも過去や未来が舞台の可能性もある？

　そのままの叙述がなくてもいい。

　他の叙述や、物語全体の流れから、ある程度推測させる場合もある。

　物語の解像度を可能な限り上げていくことで、本物の物語世界が見えてくるはずだ。

解像度を上げる発問例 「大造じいさんとガン」の場合

1 「だれ」の解像度を上げる発問

> 「大造じいさん」の年齢は？

　この作品は、「大造じいさん」が仲間の猟師に自分の体験を物語る話だ。残雪と戦っていたのは昔のこと。血気盛んなピチピチの「大造さん」がガンと戦う話だとわかる。

2 「いつ」の解像度を上げる発問

> 「大造さん」は、残雪と戦うのが仕事か？

　「ガンがやってくる季節」という叙述があるため、ガンと戦うことだけが仕事なわけではない。1年のうちでがんが来るのは、3カ月ほど。他の季節には別の動物の猟もしているのではないだろうか。

3 「どこ」の解像度を上げる発問

> 「栗野岳」は実在する場所か？

　地図帳ですぐに調べられる。今は、一人1台端末からマップや画像で確認することもできる。緑豊かな自然の中での話だと、視覚的にイメージすることができる。

第1章 —国語12

国語5・6年＝物語の構造をくっきりつかむために

「物語の法則」を使いこなそう！

増田直純

「物語の法則」

> 物語は「何らかの欠如を抱えた主人公」の登場から始まる。主人公は、降りかかる「難題」を「解決」することで、「欠如を解消」し、生まれ変わる。

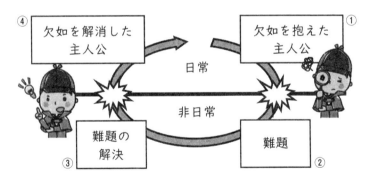

　一見複雑な作品でも、この法則に当てはめることで、すっきりと構造を理解することができる。

　授業では、児童に「物語の法則」の図をそのまま見せる。

　そして、これに当てはめて作品を読んでいくという見通しをもたせる。

　児童は、パズルを解く感覚で、楽しく文章を読むことができるはずだ。

「大造じいさんとガン」の場合

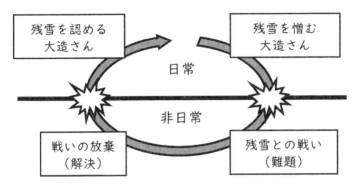

「海の命」の場合

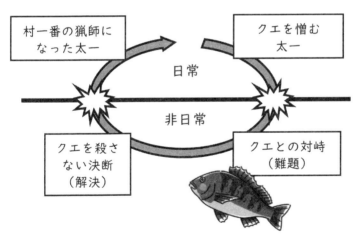

【参考】
「思考ツール×物語論で国語の授業デザイン」山本茂喜
「物語の法則」クリストファー・ボグラー&デイビッド・マッケナ

第1章 —国語 13

国語5・6年＝単元はじめの感想文を授業に生かす

感想を発問に昇華させよう！

増田直純

初発の感想をどう扱うか？

　単元の1時間目には、文章を読んだ感想を書かせることが多い。

　この感想を、その後の授業に生かしたい。

　「感想」というフワッとした単語を見直そう。

　「不思議に思ったこと」「友達と考えてみたい疑問」等、具体的な文言に変えておくとよい。

「不思議や疑問」は一覧で集計！

　児童の感想は生ものである。

　すぐに共有し、解決できる疑問はその場で解決させたい。

　そのために、一人1台端末を活用する。

　まずは、Google フォームを使い、アンケート形式で感想を書かせる。

　スプレッドシートで回答を一覧で見られるようにする。

　教師は、そこで集まった感想を、次時以降の「発問」として使うとよい。

　子どもの声を、発問に昇華させることができるのだ。

第1章 | 国語授業の導入ネタ

初発の感想（Google フォーム版）

このお話はおもしろかったですか？

	1	2	3	4	
おもしろくない	○	○	○	○	とてもおもしろい

上のように答えた理由を書いてください。

回答を入力

不思議に思ったこと、よくわからなかったことを全て書いてください。

回答を入力

気づいたこと、わかったこと、思ったことなどを自由に書いてください。

回答を入力

送信　　　　　　　　　　　　　　　　　　　　　　フォームをクリア

初発の感想（スプレッドシート版）「やまなし」の例

このお話は面白かったですか？	上のように答えた理由を書いてください。	不思議に思ったこと、よくわからなかったことを全て書いてください。
2	よくわからないし、長い	全部わからなくて、何がわからないのか自分でもわからない。
1	作者が何を伝えたいか、何が面白いのかわからないからつまらないと思った。	クラムボンとはなにか、なぜ主人公が蟹なのか、弟の「僕の泡のほうが大きいんだよ」の意味。
4	カニ目線で書かれているところが面白い	やまなし
4	不思議な言葉がたくさん出てくるからです。	クラムボン・かぷかぷ・イサド・母親はなぜいないのか
3	クラムボンが何かというのを文章から見て考えるのが楽しい。	クラムボン
2	途中から残酷な言葉違いがあるから	クラムボンわ笑ったよの次にクラムボンわ○んだよが出ている
2	意味がわからない単語が多すぎる。難しい。	クラムボン、イサド、その他諸々意味がわからない。
3	超エリートな賢治様が、こんなによくわからない詞を作っていたからちょっと面白い。	なんで羅須地人協会を作ってまで畑を耕したかったのか。なんで今、宮沢賢治様の詞は売れているのに昔は理解されなかったのか。なんで出版した童話や詞にひどい批評がかえってくるのはなぜか。なんでイーハトーヴがイーワテになるのか。

第1章 —国語 14

国語5・6年＝難しい説明文読解は画像、動画で
説明的文章は「画」から入ろう！

増田直純

画像や動画を駆使しよう

　高学年の説明的文章は抽象的で難解なものも多い。

　また、この頃になると学力や語彙に差がついてきており、いきなり文章を読んでも理解にズレが生まれてしまう。

　そんなときは、説明的文章を読む前に、児童の興味がわくような資料の提示が効果的である。

　画像や動画など、パッと視覚的に訴えるものがよい。

6年「『鳥獣戯画』を読む」の場合

　この絵の中にうさぎは何匹いるか？を問う。

　ほとんどの児童が見たままの数を答えるだろう。

　しかし、これはコマ割りのない「漫画」だから、うさぎの数は見たまま答えてはいけない。

　そこから、「『世界最古の漫画』についての説明が教科書に書いてある」と言って教科書を開く。

5年「想像力のスイッチを入れよう」の場合

①左の絵を見せる。

児童は、右の人が、左の人に襲われていると口々に言う。

②続いて右の絵を見せる。

児童は考え直す。映画の撮影のようだから心配はいらないと言い出す。

③最後に左の絵を見せる。

児童が、最初の絵と立場が反対だと気付く。そのうち「ニュースやネットも同じかも」と言う児童が出る。

そこで教師は、「メディア」について説明し、「うまく付き合うための方法が教科書に書いてある」と言って教科書を開かせる。

児童がいかに興味をもって文章を読み始めるかが肝心だ。画像や動画など、視覚的に訴えるものを使って、児童の関心を高めたい。

特別なものがない場合は、教科書の資料や挿絵だけを先に提示してしまうのもいいだろう。

第1章 —国語15

国語5・6年＝ゲーム性が生まれる17字以内のタイトルづくり

稼げる要約を書かせよう！

増田直純

ネットニュース×要約

　今や多くの人が閲覧するネットニュース。

　高学年になると、使ったことのある児童も増えて来る。

　ここでは、このネットニュースの仕組みと要約指導をコラボさせる。

　ネット記事は、大量の他の記事と並べられ、あっという間に埋没してしまう。

　そうならないようにタイトルの工夫が必要だ。

　しかし、ただインパクトのある単語を使えばいいわけではない。

　読者に必要な情報を過不足なく盛り込み、「読む気」にさせなければならない。

　児童には、ネットニュースの記者になったつもりで、説明的文章の段落ごとにタイトルを付けさせる。

　人より興味を引くタイトルにするために、児童は必死になって文章を読み込んでいく。

　このとき、ルールを決めておくとよい。

　私の学級では、次の2つのルールを設定しておいた。

> ①タイトルは17文字以内とする。
> ②体言止めにする。

第1章　国語授業の導入ネタ

導入のポイント

①ネットニュースの画面を見せる。

　Ｙａｈｏｏニュースのトップページが見やすくてよい。

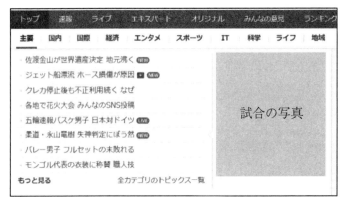

https://news.yahoo.co.jp/

②ネット記事の仕組み

「クリック数＝稼ぎ」になることを説明し、記事のタイトルを書く活動に興味をもたせる。
児童はお金関係の話にはのってくることが多い。

③ルール設定

「１７字以内」のタイトルが付けられた記事が選ばれやすいこと、「体言止め」だとインパクトがつくことを説明し、タイトルをつくる際のルールとする。
ルールをつくることで、ゲーム性が生まれ、児童は熱中して取り組むようになる。

算数授業導入「い・ろ・は」

村野 聡

　算数授業の導入も前述の「国語」と同様です。１時間を貫く導入で展開するべきです。

　例えば、４年生の「がい数」の導入。

　５つのゲームソフトが黒板に貼り付けられました。

　お誕生日のプレゼントにこのゲームソフトを全部買ってもらえることになりました。お母さんが「**全部でだいたいいくらくらいするの？**」と聞きました。

　太字のところが本時の課題となるわけです。

　本物のゲームソフトも登場し、実に楽しい導入です。

　しかし、授業が進むにつれて「ねらい」に関わる「数を丸める」ことのみで授業が進行していきます。

　集団解決場面ではもうすっかり「導入」で扱った「ゲームソフト」のことは出てきません。

　ただ数の操作方法を扱うのみ…。

　そして、授業のまとめでは、

「みんなが本時で考えた＜だいたいの数＞のことを＜がい数＞と言います」

と、算数の内容しか扱わない授業になって終わります。

ここで最初の問題の場面に戻って、

「お母さんにだいたいの代金（○○円）を伝えることができますね」

と終了したいものです。

第2章

算数授業の導入ネタ

第2章 — 算数1

算数1・2年＝リズムで覚える5と10の合成や分解

ごまだんご・ごままんじゅう

鈴木昌太郎

導入のネタ

1年生の1学期で「あわせていくつ　ふえるといくつ」という和が10以内の計算と、「のこりはいくつ　ちがいはいくつ」という被減法数が10以内の減法計算を学習する単元がある。

この単元は、加減法の意味や計算の仕方について、算数ブロックなどの具体物を操作して身に付けさせる。

まず、数とブロックを対応させながら数の概念を理解させていく。そして、ブロック操作ができるようになったら、今度は指をブロックに見立てて、出した指の本数と数の対応を理解させる。

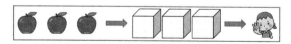

導入のポイント

ごまだんご（5の合成）以下、教師をT　児童をSとする。
S　ごまだんご♪　ごまだんご♪　5をつくります。（なれてきたら指示をなくす）
T　1足す（教師は0〜5までの数字のどれかを言う。）
S　4（1＋4＝5）

T　ごまだんごの完成！
ごままんじゅう（１０の合成）
１０をつくります。（なれてきたら指示をなくす）
S　ごままんじゅう♪　ごままんじゅう♪
T　４足す（教師は０～１０までの数字のどれかを言う。）
S　６（４＋６＝１０）
T　ごままんじゅうの完成！
導入後の展開
①リズム・テンポよく行う
　ごまだんご♪のスピードが遅いとクラス全体がだらけてしまう。児童が慣れてきたら、徐々にテンポを速めていくことで心地よいスピード感がでて、子どもたちの集中力を高めることができる。

②ゲーム性をもたせる
ごまだんご（ごままんじゅう）チャンピオン
　全員を立たせ、言い間違えたり、答えられなかったりしたら座らせる。最後まで残っていた児童がチャンピオンとなる。
勝ち抜き戦
　教室の窓側と廊下側から１人ずつ立たせて、先に答えた方の勝利。負けた児童は座り、その後ろの児童と勝ち残った児童が対戦する。最後に残った児童が優勝となる。
③足し算に慣れてきたら、引き算で行う
S　ごまだんご♪　ごまだんご♪
T　７引く（５～１０までの数字のどれかを言う。）
S　２（７－２＝５）
T　ごまだんごの完成！

第2章 ―算数2

算数 1・2 年＝じゃんけんを使って楽しく学習
算数じゃんけん

鈴木昌太郎

導入のネタ

1年生「あわせていくつ　ふえるといくつ」「のこりはいくつ　ちがいはいくつ」では、「0の足し算」「0の引き算」を学習する。

また、2年生ではつまずく子が多い「かけ算」を学習する。

計算じゃんけんは、じゃんけんで楽しみながら計算することができ、0の足し算、0の引き算の導入になる。

導入のポイント

基本的なルール

じゃんけんをして、出した指の数を足し算する。

グー→0　パー→5　チョキ→2

例　じゃんけんでチョキとパーが出たら、（2 + 5 = 7）となる。

①教師対児童

代表児童と教師がじゃんけんをし、児童全員が答える。

出席番号1〜5番の子や座席の1列などを指名し代表児童が同じにならないようにする。

②児童対児童

2人の指の数を足した数を、速く答えられた人が勝ちとな

る。1分間や5回勝負など時間や回数を限定することで児童はやる気になる。

導入後の展開

慣れたら、0～5までの指を出していいことにする。
①引き算じゃんけん
2人の指の数の大きいほうから小さいほうの数を引いた数を、速く答えられた人が勝ち。
②かけ算じゃんけん
2人の指の数をかけた答えを、速く答えられた人が勝ち。グー(0)を入れることで、0のかけ算の導入にもなる。

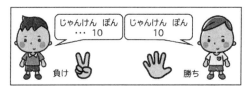

③時計じゃんけん
低学年で躓きやすい時刻の学習でも応用できる。

児童用の学習時計を1人に1つ用意し、最初の時間を設定する。(例えば、8時など)

じゃんけんに勝ったら1時間、負けたら30分時計を進めることができる。

先に時刻が12時になった方が勝ちとなる。

慣れてきたら、勝ちを30分、負けを15分などにすることで、時刻の学習をより定着させることができる。

この活動を長時間やると児童は飽きてきてしまう。少し物足りないくらいでやめることで、児童は次回を楽しみにして待つようになる。

第2章 —算数3

算数1・2年＝当番活動にも使えるヨ！
児童が作った形でフラッシュカード

鈴木昌太郎

導入のネタ

　2年生では、今まで四角や三角と言っていた形が、三角形や四角形、長方形、正方形、直角三角形という名前にかわる。そして、長方形、正方形、直角三角形の意味や性質を理解するために、紙を折って直角を作ったり、長方形や正方形などを作図したりする。

　しかし、数回紙を折ったり、作図したりしただけでは、理解できない児童もいる。

　そこで、児童に長方形、正方形、直角三角形を作らせ、その作った形をフラッシュカードにすることで定着を図る。

導入のポイント

用意するもの
　　○ストロー
　　○モール
　　○セロハンテープ
　　○画用紙
　　○カードリング

　児童にストローとモールを配り、長方形、正方形、直角三角形などの形を作成させる。

第2章 | 算数授業の導入ネタ

　その際に、角はセロハンテープで留めることを指導すると、形が崩れない。

　できた子から教師のところに持ってこさせ、教師がきちんとできているかをチェックする。合格と言われた児童は画用紙に作った形を貼らせる。（合格の判断基準はそのクラスの実態に合わせる。）

　貼った画用紙は回収し、次の形を作らせる。同じ形を作らないよう指導すると、様々な形を作らせることができる。

　回収した画用紙は、穴をあけてカードリングで閉じる。これでフラッシュカードの完成。

　次回の授業開始時に、フラッシュカードから始めると、子どもたちはあっという間に集中し、理解の定着を図ることができる。

導入後の展開

カードリングで留めているのでバラバラになることがなく、めくるだけなので、簡単に行うことができる。慣れてきたら、児童にめくらせることも可能。さらに、フラッシュカード当番をつくり、当番活動に応用することもできる。

第2章 —算数4

算数1・2年＝アルゴリズムで楽しく計算する
繰り下がりのあるひき算 筆算

鈴木昌太郎

導入のネタ

　繰り下がりのあるひき算には、ひいてからたす「減加法」とひいてからさらにひく「減減法」がある。

　例えば、次のような問題があったとする。

チョコが12個ありました。6個食べると何個残りますか？

減加法	減減法
12－6	12－6
10から6をひいて4	12から2をひいて10
（10－6＝4）	（12－2＝10）
4と2で6	10から4をひいて6
（4＋2＝6）	（10－4＝6）

　両方の筆算の仕方を知ることで児童の実態に合ったやり方を指導することができる。

導入のポイント

減加法	
3 10 　1 4 5+3 －　5 7 　　　8	145－57の計算 はじめの計算一の位 5－7はできない。 4を3にして10もらう。ブリッジ 10－7＝3　　5＋3＝8

第２章 | 算数授業の導入ネタ

	お次の計算、十の位
	３－５はできない。
	１を０にして１０もらう。ブリッジ
	１０－５＝５　　５＋３＝８
	答え８８です。

減減法	１４５－５７の計算
	はじめの計算一の位
	５から７はひけない。
	４を３にして１０もらう。
	合体　１０と５で１５
	１５－５＝１０　　１０－２＝８
	答え８８です。

	お次の計算十の位
	３から５はひけない。
	１を０にして１０もらう。
	合体　１０と３で１３
	１３－３＝１０　　１０－２＝８
	答え８８です。

導入後の展開

減減法の場合、計算が苦手な児童には、筆算の隣に
１５－７＝８　１３－５＝８のように補助計算を書くと
ミスが減る。また、両方指導して、やりやすい方を選ば
せるということもできる。

第2章 —算数5

算数 1・2年＝困難点を克服するサンドイッチ法
九九を楽しく身に付けるアイディア

鈴木昌太郎

導入のネタ

2年生の最大の関門がかけ算九九である。

かけ算九九は「覚える」ことがゴールではない。九九が「使える」ようになってはじめて、その後の学習に生かされる。

例えば、「3個の6つ分を3×6＝18と表す」「3の段の九九は3ずつ増える」など、かけ算の意味やきまりを理解することで、学習は定着する。

多くの学級で使われているかけ算九九カードなどを活用して、楽しく九九を身に付けるアイディアを紹介する。

導入のポイント

①九九かるた

2人組をつくり、九九カードの答えを上にし、並べる。

読み手が、「2×3」や「6×9」と言ったら、児童はその答えに該当する「九九の式」のカードを取る。

また、九九カードの式を上にし、並べる。

読み手が、「16」や「27」と言ったら、児童はその式に該当する「九九の答え」のカードを取る。

答えが同じ式のカードが複数ある場合もあるので、慣れるまでは少ない枚数で行うとよい。

児童が慣れてきたら、3人以上のグループをつくり、読み手を児童が行うこともできる。その際は、前の試合の勝者を読み手にすると特定の児童ばかり読み手になるということを防ぐことができる。

②**九九しりとり**

2〜3人グループを作る。

順番にかけ算九九を言う。その際に、

一の位の数字が次の式のかけられる数になる。

例えば、3×4＝12 → 2×7＝14
→ 4×2＝8・・・と言い合っていく。

一の位が0や5だったり、すでに出た式を言ったりしたら負けとなる。

③**九九サイコロ**

2人組を作る。サイコロを2つ振る。

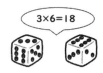

サイコロの出た目でかけ算をする。

早く答えた児童の勝ち。

慣れてきたら、十面体のサイコロを使うとよい。

十面体サイコロはネットショップなどで手に入る。手に入れるのが難しい場合は、サイコロの面の数や個数を変えて振ることができるWEBサイトを活用して行うこともできる。

導入後の展開

かけ算九九だけを暗記していると、かける数とかけられる数があいまいな児童が出てくる。その際に有効なのがサンドイッチ法である。

4（個）×3（人）＝12（個）のように同じ単位で挟むことを教えると立式の間違いが減る。

第2章 ―算数6

算数3・4年＝子どもがやる気になる授業開き
「数列」―難しくなったらお隣と相談！

生沼堅一

T「□の中には、いくつが入るでしょう？」

| 1，□，3，4，5，……　|

C「2！」
T「正解！では、これは？」

| 1，3，□，7，9，……　|

C「5！」
T「よくわかったね。では、これは？」

| 1，3，5，7，9，□，……　|

C「11！」
T「正解！では、これは？」

| 2，4，□，8，10，□，……　|

C「6と12！」
T「すばらしい！では、これは？」

| 1，2，4，7，□，16，22，……　|

第2章 ｜ 算数授業の導入ネタ

「お隣さんと相談しても良いですよ。」

答えは、「１１」である。

間の数が、１，２，３，……と増えている。

子どもに説明させても良い。

T「高学年並み難問。これは、わからないだろう。」

```
１，１，２，３，５，□，１３，２１，□，……
```

前２つの数を足した数が次の数になるフィボナッチ数列である。子どもに求められたら、ヒントを言う。

T「１＋１＝２です。」

答えを伝えても良いし、お家で考えて来なさいでも良い。

T「これは、未だに正解者がいない問題。」

```
１，□，１，０，１，０，１，１，０，……
```

はじめにいきなり問題を出す。簡単な問題。算数が苦手な子でも解ける問題。ここで惹きつける。だんだん難しくする。「お隣さんと相談」を入れる。子どもたちが頭を突き合わせて相談する様は、健気でかわいらしい。

ここがポイント

「これは、わからないだろう。」「未だに正解者がいない
問題」であおる。熱中する授業開き。お試しください。
（最後の問題は、各月の日数の一の位の数字）

53

第2章 —算数7

算数3・4年＝子どもがやる気になる授業開き
「激辛たこ焼き」

生沼堅一

T　２１個の○を板書しながら、
　「たこ焼きを食べます。食べたい人？」
　「はーい！」と手が挙がる。一人を指名して前に出させる。
T　「１度に１個から３個食べられます。２１個目は激辛たこ焼きです。食べたら負け。お先にどうぞ！」
C　「３個食べます。」
　丸を斜線で３個消す。

T　「先生は、１個。」
　丸を斜線で１個消す。
C　「２個食べます。」
　以下、同じ。
T　「先生の勝ちー！」
　必ず先生が勝つ。
T　「他に挑戦者は、いますか？」
　「はい！」「はい！」と手が挙がる。これも、必ず先生が勝つ。
　プリントを用意しておいて、

「それでは、お隣さんとやってごらんなさい。先攻、後攻は、じゃんけんで決めなさい。」

子供達は熱中してやる。

ひとしきりやったところで、
「何回勝ったか聞きます。」
「1回？」
「2回？」
……

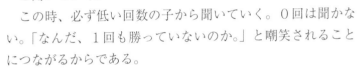

と聞いていく。

この時、必ず低い回数の子から聞いていく。0回は聞かない。「なんだ、1回も勝っていないのか。」と嘲笑されることにつながるからである。

「5回がチャンピオンですか？では、チャンピオンの○○くんにインタビューしてみましょう。勝つ秘訣は何ですか？」

この時、理路整然と言えるかもしれない。「えー！？そんな秘訣があったのですか！？」びっくりして褒める。

たいていは、適当にやって勝っている。子供の実態に応じて、勝つ秘訣を探させるのも良い。

勝つ秘訣は、
①相手を先攻にさせる。
②こちらは、「4－相手の数」を言う。

すると、「21÷4＝5あまり1」で、必ず相手があまりの1、つまり「激辛たこ焼き」を食べることになる。

＊イラストは、イラストのっく
https://illustknock.com/2020/08/19/0701-happy-boy/

第2章 —算数 8

算数 3·4 年＝子どもがやる気になる授業開き
「フラッシュカード」― 0～9までを用意！ドン

生沼堅一

「0」から「9」までのフラッシュカードを用意する（全10枚）私は、A5サイズのスワン紙を使っている。

フラッシュカードは、裏面右上に表の数字を書いておく。教師はチラッと見るだけでそのカードの数字を知ることができる。このことにより、子どもの反応が正しいかどうか瞬時に判断できる。

子どもから見えやすいように、右利きの先生は、自分の顔の右側に持つ。数字が隠れないように、左手で支え、右手でめくる。今提示しているカードがいくつなのかわかるように、後ろから前にめくっていく。

右上にセロハンテープを貼っておくと、滑りにくくなる。

授業冒頭、いきなり始める。誰も何も言わなくても良い。ひたすらめくり続ける。そのうちに、数字を言い始める子が出てくる。

「Aさん、よく見ている。えらい！」

などと褒めても良いし、褒めずに進め、全員が大合唱となった時に、

「集中している。良いクラスだなあ！」

などと褒めても良い。

全員が言うようになってきたところで、
「プラス1」と言う。提示しているカードに1を足した数を言いなさい、という意味である。簡単なので、子どもたちは、笑顔でついてくる。
「プラス2」「プラス5」「プラス7」
と続けていく。「プラス7」になると、繰り上がりの頻度が増えてくるので、子どもたちの顔が必死になってくる。
めくった後、前に重ねず、横に並列に提示し、
「引き算。大きい方から小さい方を引きます。」
ここら辺になると、右から引いたり、左から引いたりするので、難易度が上がる。続いて、
「×2」「×3」「×7」
かけ算九九の7の段は、正答が怪しい子が意外といるので、ここでも必死になる。
私はここで、「ひらひらひらひら〜」と言いながら、カードを高く上げ、ひらひらさせながら下ろす。子どもたちは必死で答える。完全に集中している。
次に、カードを少しずつ上に押し上げていく。「7」と「5」、「1」と「4」は、最初は見分けがつきにくい。「2」「3」「6」「8」「9」も、最初は見分けがつきにくい。(そういうフォントを使っている)

ここがポイント

何も言わなくて、ひたすらめくり続けると…
熱中する授業開き。お試しください。

第2章 —算数9

算数3・4年＝子どもがやる気になる授業開き
「○に線」—今までの学習がオール集合

生沼堅一

T「親指と人差し指で○を作りなさい。」
と、やってみせる。子どもたちは、素直に親指と人差し指で○を作る。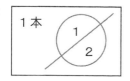
T「それ位の大きさで、ノートに○を描きなさい。」
子どもたちは、言われた通りにノートに○を描く。
T「その○を、1本の直線で分けます。いくつに分かれますか。」
C「2つです。」
T「そうですね。1本、1,2と書きなさい。」
板書する。(右図参照)

T「では、2本の直線で分けると、いくつに分かれますか。」
C「かんたん！」
と言って得意げに持ってくる。
「2本、1,2,3」が書いていない子は、
「本数、数字が書いてありません。」
と言って返す。書いてきた子にも、「惜しいなあ、まだある。」
と言って返す。この「本数」や分けた部分に「数字」を必ず書かせることが、後で効いてくる。

答えは、下記の通りである。

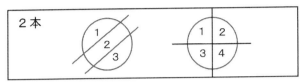

それでは、3本の直線で分けると、いくつに分かれますか。」
子どもたちは、シーンとして熱中して取り組む。下記のように、全て書いてある子が、正解である。

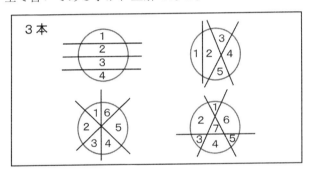

ここがポイント

子どもがシーンとして取組むかっこいい算数授業！
子どもが熱中する授業です。ぜひお試しください。

第 2 章 ―算数 10

算数 3・4 年＝子どもがやる気になる授業開き
「いきなり授業」―いきなり算数でドン！

生沼堅一

ニコニコしながら教室に入って行く。

いきなり指示。

Ｔ「教科書。３７ページ。開いた人。」

パラパラと手が挙がる。

Ｔ「速い！□１番、指で押さえたら手を挙げます。」

Ｔ「速いなあ！」

話を聞いていない子、別に教科書を開かなくてもいいや、と思っている子もいる。すかさず、

Ｔ「全員手が挙がっている列は、……」

と言った途端、あわてて教科書を開き始める。

私は、普段から上記のような始め方をしているため、私が何も言わないうちに、教科書を開き、おそらくここだろうと思うところを指さして、ニコニコしながら手を挙げている子が多い。わざと意地悪く、

Ｔ「今日たくさん宿題を出してほしい人、手を挙げなさい。」

などと言う。慌てて手を下げる。

いきなり発問。

Ｔ「１５４＋２３７の計算。まず何をしますか。」

Ｃ「４＋７の計算です。」

この展開では授業に付いて来られない子もいるので、

T「お隣さんにしか聞こえない声で言いなさい。」

などと言うこともある。全員の前で手を挙げて発言することは躊躇しても、お隣さんなら言えることもある。

「お隣さんにしか聞こえない声で」と言っているのに、大きな声で言ってしまう子もいる。放っておくこともある。分からない子にヒントになるからだ。

「いきなり授業」の良いところの一つは、時間節約になること。早く終わると、ミニゲームもできる。子どもたちが大好きなゲームを一つ紹介する。

T「みんなが集中して学習したので、今日の予定範囲を終わってしまいました。」

いきなりニコニコ顔でテンション高く、

T「スモールナンバーゲーム！」

C「イエーイ！」

T「ノートの枠外でかまいませんので、何か一つ数字を書きなさい。」

少し時間をおいたところで、遅い子は待たずに、

T「まだ書いていない人は参加できません。0。」

「0」と書いていた子が手を挙げる。2人以上いたら、「1」、それも2人以上いたら「2」と進み、一人だけだったら「チャンピオン！」となる。

ここがポイント

他愛ないゲームだが、なぜか人気がある。「またやりたい！」とアンコールが出る。次の授業の時に、集中して学習しよう、というエネルギーに繋がる。「いきなり授業」お勧めである。

第2章 —算数11

算数5・6年＝比べられるようにするヒント学習
「単位量あたりの大きさ」

吉田知寛

導入のネタ

「単位量あたりの大きさ」の単元では、最終的に児童が異種の2つの量の大小を比べられるようになることを目指す。

「比べる」時のポイントはある量に「そろえる」ことである。ある量に「そろえて比べる」ということを、単元の導入でおさえる。

東京書籍では、個数と値段を操作しなくても、すでに比べられる。その方が児童にとって容易である。

別の展開として、個数と値段の数値を変更して、2つの数値を操作して比べる必然性をもたせることも考えられる。

導入のポイント

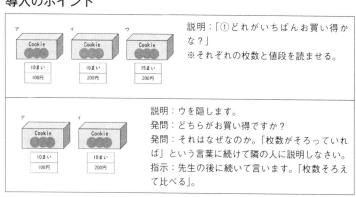

第2章 | 算数授業の導入ネタ

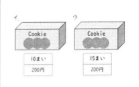

説明：アを隠します。
発問：どちらがお買い得ですか？
発問：それはなぜなのか。「値段がそろっていれば」という言葉に続けて隣の人に説明しなさい。
指示：先生の後に続いて言います。「値段そろえて比べる」。

発問：「枚数そろえて比べる」、「値段そろえて比らべる」。共通点は何ですか？
指示：ついて言います。「そろえて比べる」。
説明：「そろえて比べる」。この単元のポイントです。

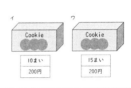

説明：アとウを比べます。これまでとの違いは何ですか？
発問：値段をそろえます。アを何円にしますか？
発問：アは200円で何枚ですか？
発問：アとウでは、どちらがお買い得ですか？
発問：枚数をそろえます。これは難しい。
説明：どちらも30枚にします。
発問：アは30枚で何円ですか？
発問：ウは30枚で何円ですか？
発問：アとウでは、どちらがお買い得ですか？

導入後の展開

簡単な数値で「そろえて比べる」という考え方をおさえた上で、教科書のうさぎの問題に入っていくとよい。

第2章 —算数 12

算数 5・6 年＝そろえて比べる！

「速さ」

吉田知寛

導入のネタ

「速さ」の学習のポイントもまた、「単位量あたりの大きさ」の時と同様、ある量に「そろえて比べる」ということである。

児童は 50m 走を経験している。経験していることはイメージしやすい。したがって、「速さ」の導入として 50m 走はもってこいのネタである。

導入のポイント

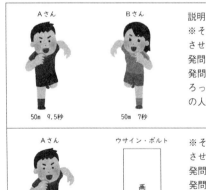

Aさん／Bさん 50m 9.5秒／50m 7秒	説明：どちらが速いか比べます。 ※それぞれの進む道のりと時間を音読させる。 発問：どちらが速いですか？ 発問：それはなぜなのか。「道のりがそろっていれば」という言葉に続けて隣の人に説明しなさい。
Aさん／ウサイン・ボルト 50m 9.6秒／100m 9.6秒	※それぞれの進む道のりと時間を音読させる。 発問：どちらが速いですか？ 発問：それはなぜなのか。「時間がそろっていれば」という言葉に続けて隣の人に説明しなさい。 発問：比べる時のポイントは何ですか？ 説明：速さもそろえて比べます。

※それぞれの進む道のりと時間を音読させる。
発問：これまでの問題との違いは何ですか。
説明：道のり、時間のどちらかをそろえる必要があります。
発問：どちらをそろえるのが簡単ですか。
説明：道のりをそろえた方が簡単です。
発問：何mにそろえますか。
説明：100mにそろえます。
発問：Bさんは100mを何秒で走りますか。
発問：100m14秒のBさんと100m13秒のCさんとでは、どちらが速いですか。
発問：それはなぜなのか。「道のりがそろっていれば」という言葉に続けて隣の人に説明しなさい。

導入後の展開

　東京書籍では、導入が自動車の速さの問題となっている。その問題に取り組ませても良いし、例題が走る速さの問題になっているので、いきなり例題から取り組ませても良い。

　比べる方法は大きく分けて2つある。倍数で比べる（倍数操作方略）か、「1mあたり」にかかる時間、または「1秒あたり」に進む道のりで比べる（単位あたり方略）かである。本単元では、後者がメインであるが、両方の方法でできることが算数的に豊かであることを児童に伝えた方が良い。

第2章 —算数13

算数5・6年＝百分率と歩合は何がちがう?

「割合」

吉田知寛

導入のネタ

　「割合」とは「ある量をもとにして、他方の量がその何倍にあたるかを表した数」である。基本は「もとにする量」を「1」とする見方である。「もとにする量」を「100」とみた場合、それは「百分率」といい、「10」とみた場合、それは「歩合」という。

　割合は子供にとって、あまり身近な概念ではない。したがって、児童にとって身近であり、かつ計算しやすくなるように「もとにする量」が「100」または「10」となるもので導入すると良い。その一つの例がテストである。

導入のポイント

10問テスト　1問10点　100点満点 1 2 3 4 5 6 7 8 9 10 ○○○○○○○○○○ 100点を1とみる	説明：10問テスト、100点満点を「1」とみます。
10問テスト　1問10点　100点満点 1 2 3 4 5 6 7 8 9 10 ○○○○○○○○○○ 100点を1とみる 1 2 3 4 5 6 7 8 9 10 ○○○○○○○○○× 90点は0.9にあたる	説明：90点は「0.9」にあたります。
10問テスト　1問10点　100点満点 1 2 3 4 5 6 7 8 9 10 ○○○○○○○○○○ 100点を1とみる 1 2 3 4 5 6 7 8 9 10 ○○○○○○○○○× 90点は0.9にあたる 1 2 3 4 5 6 7 8 9 10 ○○○○○○○○×× 80点は0.8にあたる	発問：80点は何にあたりますか。 説明：そうです。「0.8」にあたります。

	発問：30点は何にあたりますか。
10問テスト 1問10点 100点満点 100点を1とみる 90点は0.9にあたる 80点は0.8にあたる 30点は0.3にあたる	説明：そうです。「0.3」にあたります。
10問テスト 1問10点 100点満点 100点を1とみる 60点は0.6にあたる 20問テスト 1問10点 200点満点 200点を1とみる 140点は0.7にあたる	説明：100点中60点とった人と200点中140点とった人で、どちらが点数をとったといえるか考えます。 発問：100点中の60点は何にあたりますか。
10問テスト 1問10点 100点満点 100点を1とみる 60点は0.6にあたる 20問テスト 1問10点 200点満点 200点を1とみる 140点は0.7にあたる	発問：200点を「1」とみると140点は何にあたりますか。 説明：見やすくします。 発問：140点は何にあたりますか。
10問テスト 1問10点 100点満点 100点を1とみる 60点は0.6にあたる 20問テスト 1問10点 200点満点 200点を1とみる 140点は0.7にあたる	説明：そうです。140点は「0.7」にあたります。 発問：それでは、どちらの方が点を取ったと言えますか。

導入後の展開

　東京書籍では、シュートの成功率を比べる例題になっている。上記の表は例題の表と似ているものを扱っている。したがって、児童は例題にスムーズに入れると考えられる。また、単位量あたりの大きさと関連させて、割合では「1にそろえて比べる」ということを確認させてもよい。

第2章 —算数 14

算数5・6年＝難しいから想像しやすいものに置きかえる

「比」

吉田知寛

導入のネタ

「比」とは割合の表し方である。「割合」は児童にとって、難しい概念である。難しい概念の場合、日常生活に関連づけて教えるとよい。児童が想像しやすくなるからだ。

教科書の導入は料理の場面である。家庭科で全員が経験しているからこの場面が取り上げられていると考えられる。料理よりも児童にとってより身近な場面がクラスやグループの人数を比で表すことであろう。したがって、教科書に入る前に人数の比で導入するとよい。

導入のポイント

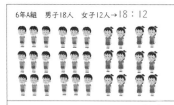

6年A組　男子18人　女子12人→18：12	説明：6年A組は男子18人、女子12人です。男女比は「18：12」です。 指示：「6年A組、18：12」。言ってごらん。
6年A組　ドッジボール1チーム男子9人　女子6人→9：6	説明：ドッジボールをします。1チーム男子9人、女子6人になります。 指示：「6年A組、9：6」。言ってごらん。

第2章　算数授業の導入ネタ

説明：生活班を作ります。
発問：1班男子何人、女子何人ですか。
説明：すべての班が男子3人、女子2人になります。
発問：男女比は。
指示：「6年A組、3：2」。言ってごらん。

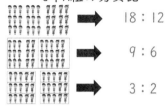

説明：6年A組の男女比は、「18：12」でもあり、「9：6」でもあり、「3：2」でもあります。
発問：「18：12」、「9：6」、「3：2」という数字を見て、分かったこと・気付いたこと・思ったことを隣の人に言ってごらんなさい。

分かったこと、気付いたこと、思ったことを隣の人に言っている間に児童の発言を聞き取る。「比を簡単にする」ことについて触れている児童がいれば、そのことについて全体に発表させると良い。

導入後の展開

上記の展開の後、教科書の例題に入ってもよいが、実際に自分たちのクラスの人数を比にさせてもよい。もし、導入のように比を簡単にできるような数字であれば、グループ分けをさせると良い。そのようにすることで、体感的に比を理解できる。

第2章 —算数15

算数5・6年＝形が同じで大きさがちがうを理解！
「拡大と縮小」

吉田知寛

導入のネタ

「拡大と縮小」の学習のキーワードは「形が同じで、大きさがちがう」ということである。
「形が同じで、大きさがちがう」ということを、実際にイラストを操作しながら示していく。一人一台学習者端末があるので、児童に操作をさせてもよい。

導入のポイント

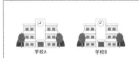

説明：学校Aと学校Bはぴったり重なります。
発問：ぴったり重なるとき、どんな形と言いますか？
説明：合同は「形も大きさも同じ」です。
指示：「形も大きさも同じ」。覚えます。

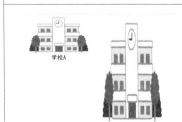

説明：学校Bを縦にだけのばします。
発問：大きさは同じですか、違いますか。
発問：形は。
指示：「形も大きさも違う」。言います。

第2章　算数授業の導入ネタ

	説明：学校Bを横にだけのばします。 発問：大きさは。 発問：形は。 指示：「形も大きさも違う」。言います。
	説明：学校Bの縦と横の長さをそれぞれ2倍にします。 発問：大きさは。 発問：形は。 指示：「形は同じ、大きさ違う」。言います。 説明：学校Bは学校Aの拡大図と言います。 指示：「拡大図」。言います。
	説明：学校Bの縦と横の長さをそれぞれ2分の1にします。 発問：大きさは。 発問：形は。 説明：学校Bは学校Aの縮図と言います。 指示：「縮図」。言います。

導入後の展開

　上記の展開は拡大と縮小の概念だけを扱っている。このあと、教科書の問題に入ってもよいが、同じイラストで「2倍の拡大図」、「2分の1の縮図」を扱うと教科書の問題も容易になる。

　教科書の問題に入る前に、簡単な図形で2倍の拡大図と2分の1の縮図を実際に描かせる展開も考えられる。

社会科授業導入「い・ろ・は」

村野 聡

　導入にはその時間の内容とは直接関係ない活動を短時間で毎日行うという方法があります。

　例えば、社会科で言うと、

地図帳で地名さがし

都道府県パズル

地図記号フラッシュカード

などがあります。

　これは社会科の学習の中で基本中の基本となる内容について、毎日５分ほど繰り返すことで確実に身につける指導法です。

　こういった導入方法もあることを覚えておくとよいでしょう。

　当然、本時の授業が５分間短くなることを心配する声も耳にします。

　しかし、大丈夫です。

　４０分で授業しなくてはならないという状況が生み出すものが「リズム・テンポ」のはやさです。

　これまでのようにのんびりと行う授業よりもリズム・テンポがはやい授業の方が子供は集中します。

　私たち大人にとっては「はやい」と感じるくらいのリズム・テンポは子供にとって快適なはやさなのです。

　間の空き過ぎる授業は子供には向きません。

第3章

社会授業の導入ネタ

第3章 ─社会1

社会3年＝自分の歩いている位置を確認しながら
まずは校舎内で「学校探検」を！

村野 聡

1 3年社会「わたしたちのまち」導入

3年生の社会科最初の単元「わたしたちのまち」の導入について述べる。

教科書では、学校の屋上から地域の様子を観察する活動から入る。

しかし、その前にこうするとよい。

> 校舎内で行う「学校探検」でトレーニングする。

2 教室の前の廊下の左右に何があるか

まずは教室から最初の曲がり角（突き当たり）までの直線の探検をさせる。（廊下が長い場合には途中まで）

これをノートに描くように指示した。

教師が最初に描き方を黒板に例示してやるとよい。

3 教室から突き当たりまで探検

次に探検の範囲を広げて書かせる。（図1）

どこか突き当たりをゴールに設定するとよい。

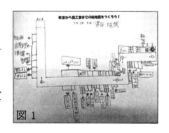

図1

第3章 社会授業の導入ネタ

4　いよいよ屋上へ

ここまでの授業後、いよいよ「屋上」から四方を眺める。
そして、4方向（東西南北）を実際に探検する。

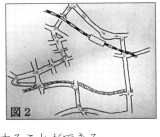
図2

これまで述べたように地図作りは体験済みなので、簡単に実施することができる。

ただし、子どもを連れて地域を回る際、いくつかの工夫を取り入れるとよい。

> 図2のように、矢印と数字を地図上に書き込んでおく。

教師は写真のように「今歩いている位置」を数字で示しながら先頭を歩く。

子どもたちは、教師の「数字」を見ながら「矢印」の方向を自分の正面に向けて歩くのである。

こうすることで、常に自分の歩いている位置を確認しながら進むことができる。

図3

こうして記録してきた地図をもとにして、画用紙に清書させるのである。（右図）素敵な絵地図が完成する。

最後は4方向の地図を繋げて一枚の大きな地図にする。

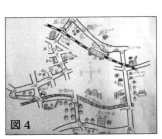
図4

75

第3章 ―社会2

社会3年＝レシートはすべて知っている
「お店やさん」の導入はレシートを使う

村野 聡

1　レシートの読み取りで導入

　「お店やさん」単元はスーパーマーケットへ見学に行くことがおおむね決まっているだろう。

　その導入に「レシート」の読み取りから入る。

　まずは、見学するであろうスーパーマーケットのレシートを事前に手に入れる。（買い物をしておく）

　レシートのコピーを全員に配付し問う。

T　先生は何月何日に買い物に行きましたか。　（8月7日）
T　それは何時何分ですか。
　　　　　　　　　　　　　　　　　　　（12時33分）
T　全部で何点買い物しましたか。
　　　　　　　　　　　　　　　　　　　　　　（5点）
T　先生は最初にいくら払いましたか。　（2000円）
T　みんながお菓子を買うなら何曜日がお得ですか。　（金曜日）
T　レジの店員さんは何という名前の人でしたか。　（ノムラ）
T　何番のレジでお金を払いましたか。　（2番）

第3章 | 社会授業の導入ネタ

2 レシートを見て購入した商品を分類する

右のような「買い物調べ表」を配付する。これを3日分で一人3枚配付した。

記録はレシートを見て家庭での買い物の購入品目数だけを記録させる。

これは宿題となるため、家庭へご協力のお願いの手紙も出す。（下記）

この後は、結果を集計して（スーパーマーケットが一番になるだろう）、スーパー見学の計画を立てていく。

77

第3章 —社会3

社会3〜6年＝先生ってスゴイ！子どもがリスペクトするスキル

「現地で手に入れた資料を使おう」

原 俊介

教室に衝撃「先生ここ行ったことがあるんだけどね…」

社会科は、町中、日本中、世界中が教材です。教科書の写真や資料でも、発問の工夫で楽しい導入をすることができます。しかし、もしもあなたが手に入れた写真や資料を子どもが見ることができたら…？「え？先生、行ったの？」「行った人が言うんだから、間違いないね。」

子どもが知的好奇心と尊敬の眼差しを向ける資料の魅せ方

①**教科書と角度を変えて撮影**

教科書の写真が正面なら、斜めから撮ってみましょう。奥行や、地図のどの位置か分かりやすくなりました。

例：岐阜県海津市。低地の学習です。

②**あれ？先生映ってる？**

「先生はどこにいるでしょう？教科書の写真のどれかです。」開きなさいなんて言わなくても、楽しそうに教科

書をめくり始めます。例：京都府鴨川。教科書と同じアングルで入ってみました。

③教科書では見えにくい部分を…

絵巻物の場所に赴くと、当時の営みのイメージが湧いてきます。「こんなに石を積み上げていたんだ。」

例:福岡県福岡市元寇防塁跡。向かいには海があります。

④調べ学習で資料をお披露目

社会科と言えば調べ学習があります。タブレット端末で調べられる時代ですが、パンフレットや資料集など、紙媒体を好む子も一定数います。そんな子に、現地の資料が刺さります。

例:山形県酒田市庄内平野。現地の資料館より。

参考資料「村野聡 CHANNEL」

社会科に限らず、じっくり教材研究ができるのが休業日。旅行のついでに現地の写真や資料をゲットして、教材研究もすれば一石二鳥ですね。お土産屋さんにもお宝級の教材があるかも！？

第3章 —社会4

社会3〜6年＝ストリートビュー・先生はどこ？
「GIGAの発想で、バーチャル校外学習」

原 俊介

一人一台の時代ならではの、デジタルの世界へ出かけよう

　多くの学校現場で使用されているオンラインのサービスの中に「マップ」というものがあります。地図上のその場の様子が3Dで見られるようになっています。移動も一部の建物内へ入ることも可能。これを、遠隔地の様子を知るために活用することができます。

知りたくなる！行ってみたくなる！授業での使い方

①建物や土地の様子を見学
　実際にそこを歩いているかのように見ることができます。周辺の土地の使われ方に着目してみましょう。
活用例：鹿児島県枕崎漁港、漁港には何があるのだろう？

②施設の中を見学
　資料館や公共施設の中には、内部の様子が見られるものもあります。後日、「夏休みに、実際に〇〇に行ってみました！」と報告する子が現れることも。
活用例：山形県酒田市山居倉庫、米の品種を展示しているのはどこ？

第3章　社会授業の導入ネタ

③史跡を見学

　全国各地にある史跡は、近くで見たり色んな角度から見たりすることで、当時の人の営みをイメージしやすくなります。

活用例：佐賀県吉野ケ里遺跡、弥生人の目線で歩いてみよう。

④先生がいるのはどこ？

向こうにタワーがあるから、地図だとこのあたりかな？

　前ページで紹介した、「自分が映りこんだ写真」を見せて、子どもに同じ所まで辿り着かせる活動もできます。スタートの場所は決めておき、後は自力で取り組ませます。早く見つけた子は、まだの子のもとへ行き、協力します。

参考資料「村野聡 CHANNEL」

　社会科に限らず、一人一台の端末は、今の時代、児童にとって筆箱と同じ「文房具」です。何でもかんでも使うのではなく、最適なタイミングで使うこと（効果的な活用）を心がけましょう。

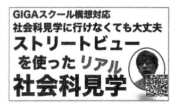

第3章 — 社会5

社会4年＝学習課題へのプロセスが明示できる
「水はどこから」の導入は単元を貫くイラスト資料で

村野 聡

1 単元を貫くイラスト

「水はどこから」の単元で学ぶ内容は主に以下の通りである。

> ① 家庭での水の使用量
> ② 浄水場
> ③ 水源林
> ④ 下水処理

以下のイラストは上記4点を全て網羅している。単元全体を網羅しているのである。このイラストを使って導入する。

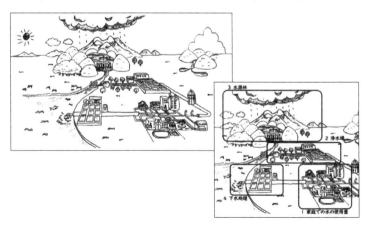

2　資料を読み取らせる

授業は以下のように進める。

> このイラストを見て「分かったこと」「気がついたこと」「思ったこと」をできるだけたくさんノートに箇条書きしなさい。

5分程度書く時間を与える。

時間が来たら全員に一つずつ発表させる。

ここで、

> 疑問に思うこと、調べてみたいことを箇条書きしなさい。

とさらに学習課題を書かせる。その間に黒板を4つに区切っておく。（それぞれ①〜④の番号を書いておく。）

書けた子は教師のところに持って来させる。その際、子供の書いた内容が上記①〜④のどれに当たるか教師が見定める。

そして、その学習課題に対応した黒板の①〜④のいずれかに書かせる。

全員が書き終えたところで、

> ①をまとめるとどんなグループといえますか？

と子供に質問をし、学習課題にまとめていくとよい。

（例）① 家庭での水の使用量についての疑問グループ

以下、②〜④も聞いていき、学習課題を作っていく。

第3章 ―社会6

社会4年＝ごみは社会を学ぶマドだ！
「ごみ単元」の導入は「ごみ袋」で

村野 聡

1 ごみ単元の導入は「ごみ袋」で楽しく

4年「ごみ単元」の導入はモノを使いたい。私は市指定の「ごみ袋」を使って授業した。

地域によってごみ袋の種類や使い方は様々だろう。今回は東京都青梅市の事例で授業を組み立てた。

本稿の内容をお住まいの地域によって修正して実践してほしい。

2 ごみには種類によって分別の仕方がある

単元導入ではごみには種類があることを知り、分別の仕方について考えさせる。

1．ごみの処理を通して東京都について勉強していきます。

2．青梅市では3種類のごみの袋を使用しています。（本物を示す。）

3．どんなごみを入れる袋ですか。
（燃やす、燃やさない、容器包装・プラ）

4．このように、ごみの種類ごとに分けることを「分別」と言います。言ってごらん。

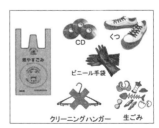

5. この中（パソコンで提示）で「燃やすごみ」の袋に入れてはいけないものはどれでしょう。
（青梅市のごみ分別表を見ながらさがさせる。）

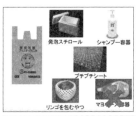

6. では、この中で「容・プラ」の袋に入れてはいけないものはどれでしょうか。

7. 同様に、この中で「燃やさないごみ」の袋に入れてはいけないものはどれでしょうか。

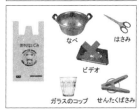

（5・6・7はクイズ形式で楽しく調査させる。）

8. ごみの種類にはこのような袋を使わないものもあります。知っている人？

9. 資源ごみ、粗大ごみ、有害ごみがあります。

10. （ごみカレンダーを提示する）青梅市では地区ごとに曜日で出すごみの種類を決めています。

11. 「燃やすごみ」は主に何曜日ですか。
（他のごみの種類についても読み取っていく。）

12. ごみの回収の仕方も様々あります。「燃やすごみ」は決められた曜日に玄関前に置いておくと、ごみ収集車が運んでくれます。見たことある人？

13. 今日の学習で学んだことをノートにまとめなさい。

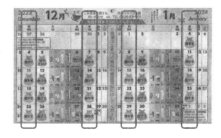

第3章 —社会7

社会4年＝地域の人々の取り組みを調べる
地域の「自然災害」の実態を知る

村野 聡

1　自分の住んでいる都道府県での自然災害

「自然災害からくらしを守る」単元は自分の住んでいる都道府県における自然災害を取り上げる。

まずは教科書に掲載されている自然災害の写真を見て、どんな自然災害があるのか知る学習から入る。その後、自分たちの住んでいる地域で最近起きた自然災害を扱っていく展開である。

2　東日本大震災の映像から入る

まずは東日本大震災（2011年）の映像を視聴する。ネット上に様々な映像が残されている。

その中から「津波」の被害映像を見せる。その後に、他の自然災害について教科書で学ばせる。

T　今から東日本大震災の津波による被害映像を見ます。

（5分程度の視聴）

https://www.youtube.com/watch?v=4XvFFfgXwnw

T　感想をどうぞ。
T　日本は自然災害がとても多い国です。
　　他にどんな自然災害があるでしょうか。
　　知っている人？

（暴風・豪雨・豪雪・洪水・高潮・噴火など）

T　いろいろ発表されましたね。教科書を見てみましょう。

　（教科書に出ている様々な自然災害を見る。）

T　さて、教科書は千葉県の自然災害が出ていました。みんなの住んでいるここ〇〇県ではどんな自然災害がおきているのでしょうか。

T　教科書の自然災害の中で私たちの住んでいる〇〇県でも発生したことがあるものに丸をつけましょう。

T　発表しなさい。

T　資料（＊参照）を配ります。

T　この80年間で発生した大きな自然災害の一覧です。

T　この中で私たちが住んでいる〇〇県で被害があった自然災害に丸をつけてごらん。

3　自然災害の取り組みについて知る

　私たちの住んでいる〇〇県での自然災害を把握させた後は、今現在、どのような取り組みをしているか調べる。

T　そんな自然災害に対して県や市、地域の人が取り組んでいます。

T　教科書には千葉県の取り組みが出ています。見てみましょう。

T　これから私たちの住んでいる〇〇県での取り組みについて調べていきましょう。

　　次の時間から自分たちの住んでいる地域での取り組みについて、県や市、地域の人に分けて調べさせていく。

＊『図解でわかる14歳からの自然災害と防災』社会応援ネットワーク著　大田出版
P52・53

第3章 —社会8

社会5年＝地図が読めるとカッコイイよね！
「5分間地図帳」

原 駿介

地図帳で一気に社会科モードに巻き込もう！

　辞書と同じように、地図帳も授業のルーティーンに取り入れることで子どもが使いこなせるようになっていきます。

　特に、学習対象が国土単位になる高学年にとっては不可欠な能力になります。授業の開始5分間で、その力を楽しく身に付けさせる方法を紹介します。

5分でここまでできる！指導の流れ

①**環境づくり**

　教室に地図を貼り、日頃から子どもの目につくようにしておきます。ワールドカップやオリンピックの時期は特に有効です。

②**地名を1つ示す**

　探す地名を言います。見つけた人は地名に丸で囲み、立ちます。初めは、ページを限定して探しやすくします。次第に索引を使うようになります。

第3章　社会授業の導入ネタ

★熱中ヒント：いきなり始めるのがコツです。

③変化をつけていく

見つけられた子を褒めます。慣れてきたら、「●●さん、1番！」と順位をつけたり、制限時間を設けたりして、飽きないように変化をつけます。

> 順位は10人までにし、次に進むとよいテンポになります。

④どの子も楽しめるような特別支援を！

声だけでは指示が通らない子のため、板書して示す手段もあります。なかなか見つけられない子には、そばにいる見つけた人が教えてあげるようにします。

⑤上達したらこんな変化も

1番に見つけた（＝立った）子が、次の地名を決めていいようにしたり、ユニークな地名を示したりするとより楽しめます。

参考資料「村野聡CHANNEL」

社会科に限らず、日頃積み上げたことだけが子どもの力となります。慣れてくると、地図帳をちらつかせるだけで前のめりで授業開始を待つ子どもの様子が見られますよ。

第3章 — 社会9

社会6年＝資料の読み比べへのいざない
「導入に効果的な問い①②」

原 駿介

> どんな子でも考えやすい問いを示そう！！

　社会科の授業では子どもに提示する資料選びが重要になります。理想はその資料を見ただけで思わず子どもが考え始め、意見を言い合っている状態です。一方、見ただけでは分からない子も学級には一定数います。そんな子が取り残されないように、「問い」によってアシストをしましょう。

①「分かったこと、気づいたこと、思ったことは何ですか？」
例　鎌倉時代　元寇

　この問いの後には、箇条書きにさせたり、言わせたりと様々な方法があります。この3つの「こと」は、順番にレベルが高くなっています。それを「どれでもよい」とすることで、「分かったこと」レベルの内容しか書けない子でも、安心して取り組むことができます。

②「AとBの違いは何ですか？」
例　同じ3月の様子（初めは3月と教えない）

　社会科でよく行われる「資料の比較」です。画像の他に、グラフや実物を見比べることがあります。違いを探すことで逆に共通点に気づいたり、本時の課題が明らかになったりします。

　また、「他の場所ではどうだろう」「他の時期ではどうだろう」という新たな問いに繋がることもあります。

参考資料
東洋館出版社「社会科学習指導案文例集」澤井陽介　廣島憲一郎

　学習指導要領を、分かりやすく噛み砕いて授業とリンクさせようと、たくさんの有名な先生方が努力されています。まずはそのような本を一冊手に取って、自分の学年だけでも読んでみることをおすすめします。

第3章 ―社会10

社会6年＝子供を社会科好きにする魔法の言葉
「導入に効果的な問い③④」

原 駿介

> 指導の目標に迫れるような問いを示そう！

　導入で使いたい資料は、テレビやスクリーンで大きく示しましょう。先生は、そのそばに立ちましょう。そうすることで、ほとんど全員の子どもと目を合わせた状態で問いを投げかけることができます。

　また、その問いの文言を画面に字幕で付けると、さらに問い（＝指示）が学級に行き渡り易くなります。

③「時事ネタ」や「風刺画」を使う

「先週ニュースで〇〇があったけど、どう思った？」
ニュースや新聞で入手する情報も、良い導入ネタになります。
特に高学年の学習内容は、現代社会の仕組みに大きく関わっており、時事ネタは大いに役立ちます。また、風刺画は、戦時中のものが有名ですが、現代の新聞に

も描かれています。時事ネタでも風刺画でも、先生が世の中に対して「授業で使えないかな。」というアンテナを張っておくことが大切です。

④魔法の言葉「どのような」
★私たちは情報をどのように集めていますか？
★売上高はどのように変化していますか？
★ネットで注文したものはどのように届きますか？
★○○はどのような国づくりを目指したのでしょうか？
★○○時代の人々はどのような生活をしていたのですか？
★日本が○○の頃、世界はどのような様子だったでしょうか？

　社会科には、「時間的な広がり」「空間的な広がり」という視点を子どもにもたせることが大切と言われます。「どのような」を使うことで、そうした視点をもちやすくなります。

参考資料
東洋館出版社「社会科学習指導案文例集」澤井陽介　廣島憲一郎

　導入は、導入から考えるよりも、授業や単元の最後（ゴール）を決めてから、逆算して作っていくとよいです。そんなの時間かかって毎回できないよ！というときは、学習問題から（どんな学習問題にしたいか決めてから）逆算、でも構いません。

外国語授業導入「い・ろ・は」

村野 聡

　外国語の授業の導入では、

　　T　Hello!

　　C　Hello!

　　T　How are you?

　　C　I'm fine,thank you,and you?

　　T　I'm fine,too,thank you.

　このような問答から導入する授業が多いようです。

　しかし、このフレーズの繰り返しで本当に子供たちに話す力がつくのでしょうか。

　私ならこの後にこうします。

　　T　SATOSHI,Hello!

　　C　Hello!

　　T　How are you?

　　C　I'm fine,thank you,and you?

　　T　I'm fine,too,thank you.

　　T　SATOSHI,Very good！

　つまり、全体の後、個を指名したわけです。

　ここで個が指名されることを子供が知っていれば、その前の全体指導の中の発話に関して本気度が増すと思いませんか？

　外国語の授業で最も大切なことは子供一人ひとりが状況設定を踏まえて発話することです。

　いつも全体に言わせていたのでは、その中で、テキトーに発話してお茶を濁している児童がいるかもしれませんね。

第4章

外国語授業の導入ネタ

第4章 —外国語1

外国語1〜4年＝歌って踊って気持ちをリセット
いきなりエクササイズ

竹内淑香

気持ちをリセットして惹きつける

　低・中学年の子どもたちは、エネルギーが有り余っている。長時間、静かに着席しているのは難しい。だからこそ、授業では、たくさん発話させる、歌わせる、そして動かす！体を動かすことで気持ちがリセットでき、さらに学習に集中できるようになる。

手遊び歌

　低学年は、何度も同じフレーズの繰り返される手遊び歌が大好きだ。「またやりたい！」とリクエスト必至である。

♫『COCONUT SONG』

Y.E.S.

mpi

♫『The Itsy Bitsy Spider』

Super Simple Songs

Alana Banana

♫『The Finger Family Song』

ゆめあるチャンネル

Funtastic TV

その他にも、イギリスで古くから歌われている『Mother Goose』に収められている童謡もお薦めだ。このような手遊び歌を入れることで、授業が温かな雰囲気になる。

叱るより動かす
子どもたちの集中力が切れてきたな、と感じた時には、いきなり「Stand up!」と指示、曲をかけて動く！特に、やんちゃ度が高いクラスでは、意図的に動いて良い状況を作るのだ。叱らなくても良い。楽しい雰囲気が継続する。

第4章 —外国語2

外国語1～6年＝歌で授業を始めよう！
歌はオープニング♬

竹内淑香

授業にたくさんの歌を！

　外国語の授業では、チャンツや歌をふんだんに使う。私は、45分の中で6～8曲は流している。理由は、以下だ。

> ・メロディー、リズムが楽しい
> ・いつのまにか覚えてしまう
> ・気持ちがリラックスする

　歌を流すだけで、子どもたちが歌いだし、授業にパッと惹き付けられる。

オープニングの歌～低・中学年向け～

　授業の始まりと同時に、いきなり歌をかける。パッと授業モードに入ることができる。始まりは、正に「オープニング」だ。これから始まる学習をワクワクさせるようなそんな歌がお薦めだ。

　低・中学年なら、毎時間、同じ歌を歌い、気持ちを切り替えさせると良い。
♪『Let's start English class!』
『学園天国』のメロディーの替え歌で、ノリが良くてお薦めの歌だ。子ども

成美堂

第4章 | 外国語授業の導入ネタ

たちと振りを付けながら歌っている。

『Hello Song』の歌も、オープニングに相応しい。文部科学省『Let's Try!1』Unit2 に、歌とアニメーションが収録されている。

♪『Hello Song (10 languages)』

 アプリコット社

世界の挨拶の歌もお薦めだ。毎時間、様々な国の挨拶にも慣れ親しむことができる。

オープニングの歌〜高学年向け〜

デジタル教科書に、学習に関連した歌やチャンツがあり、それらを活用することができる。さらに、私が授業で流している、子どもたちを惹きつける歌を紹介する。高学年には、ワクワク＋知的さが大事だ。

♪『Hello to All The Children of The World』

様々な国の挨拶に加え、「世界は、色々な違う国があるけれど、子どもたちは、みんな同じ、一緒に歌って遊べば、友達になれる」という実にメッセージ性のある歌だ。

Jaz Mercado

♪『It's A Small World』

言わずと知れた名曲だ。高学年は歌の意味を知りたがるので、私は日本語訳対応の歌詞を渡し、さらにサビパートの歌い方を教えている。

Star kids Music

99

第4章 ―外国語3

外国語1～6年＝リズムボックスで惹きつける！
次の活動へパッと切り替え

竹内淑香

授業は、流れるように

　リズム・テンポよい授業が、子どもたちは大好きだ。授業が流れるように展開していくと、子どもたちは集中する。

リズム・ボックスは、練習の合図

　手動で、チャンツのリズムを作り出せるのがこの機械だ。リズムが始まると、子どもたちは一気に練習モードに入る。単語練習はもちろん、ダイアローグ（Q&A）練習にも大いに活用できる。

KORG KR mini

　ミュージシャン仕様で、様々なリズムが創り出せるが、練習しやすいこれら2つのボタンを私は使っている。

　ボタンを押して、リズムをスタートさせる。

全員を巻き込むために、助走をつける。リズムに合わせて、

> T: 3, 2, 1, ready go!
>   Hello!

S: Hello!
・全員が揃わなければ、何度か挨拶を繰り返す。

> T: What subject do you like?

S: What subject do you like?

> T: What subject do you like?

S: What subject do you like?
・習熟したら、役割分担を指示する。
指示は、リズムに乗せる。

> T: Every one, Question,
>   Takeuchi sensei, answer, 1, 2 !

S: What subject do you like?

> T: I like English.
>   Switch!
>   What subject do you like?

S: I like (arts and crafts).

　リズム・ボックスを使うと、ボタン一つで、子どもをパッと惹きつけることができる。また、心地よいリズムが子どもたちの背中を押し、練習に巻き込んでいく

第4章 —外国語4

外国語3〜6年＝はたして全員を惹きつけている？
いきなり質問✗　いきなり練習〇

竹内淑香

いきなり質問しない

　天気、曜日、日付、時刻…など、外国語の授業開始時に、子どもたちに質問する先生が多いだろう。毎時間繰り返し触れることで定着が図られるので、私も行っている。
気をつけたいのが、子どもたち「全員」が言えているのか、ということだ。全員でなければ、授業に惹きつけることはできない。それまではいきなり質問はせず、その前に練習を入れることをお勧めする。練習直後だからこそ、容易に答えることができる。そして子どもたちの自信にも繋がっていく。

いきなり練習する

How is the weather?（天気）

　少ない語彙ならば、フラッシュカードでいきなり練習する。練習してから改めて、天気について質問するのだ。

What time is it?（時刻）

　数字の練習には、算数でよく使用する百玉そろばんも使える。玉が当たる「カチッ」という音と、心地よいリズム・テンポが子どもたちをパッと集中させ、ものの1〜2分で、多

くの数の練習が可能だ。

What day is it today?（曜日）

いきなり曲をかけて歌うのもお勧めだ。『Sunday Monday Tuesday』の歌、最初は、先生が、曜日のイラストを指し示しながら歌わせると良い。

アプリコット社

月の歌は、『12 Months』が、お薦めだ。自分の誕生月に立たせるなど動作を付けさせるとより楽しい。曲がかかると、子どもたちはどんどん立って歌いだす。

量が多く、定着に時間を要するのが日付だ。毎時間、カレンダーの縦一列のみを練習させ、質問をしている。例えば、今日が６月２日だとすると、2ndを含む列だ。
リズム・ボックスを使い、

2nd, 9th, 16th, 23rd, 30th.

・先生の後に続けて２回ずつ練習
・声を合わせて練習
・一人で立って練習→終わったら座る

What is the date today?（日付）

いきなり練習で、全員が言えるようになり、パッと授業に惹きつけることができる。

第4章 —外国語5

外国語5・6年＝辞書に慣れ親しませ自ら調べる子に？
English Dictionary で辞書早引き

竹内淑香

　教科書に付属されている別冊の辞書を活用する。子どもが非常に熱中するので、パッと惹きつけることができる。

いきなり早引き
　国語辞典の早引きや、地図帳での地名探しと要領は同じだ。いきなり問題を出す。

T: "steak"

・見つけたら立つよう、指示しておく。

単語を見つけた子が、次々と立ち始める。

・速く見つけた子どもたちを褒めていき、10人ほどが立ったところで、立っている子どもたちに質問していく。

T: What is the first (second …)letter?

S: "s"

・見つけられていない子を待つための時間調整で、立っている子どもに、リズム・テンポよく聞いていく。

・教師は、スペルを板書する。

・フォニックスを学習している場合は、時間調整でアルファベットの「音」を聞くのも良い。

> T: How do you spell "steak"?

S: s - t - e - a - k

東京書籍『Picture Dictionary』

> T: What category?

S: food
・ジャンルを尋ねる。

> T: What color of the page?

S: purple
・ページの色で、単語のある場所の見当がつけられるので、私はこれも質問している。

> T: Which page? / Page number?

S: Page 12.
・ここで全員が見つけられるが、まだ座っている子がいる場合は、助け合うよう指示をする。
・未習の単語の場合、意味も確認する。
・上記の流れで、3つの単語を出題する。
・出題した単語を、ノートに写させる。

『Picture Dictionary』を使いこなせるように

毎時間、慣れ親しませることで、子どもは自身で辞書を活用し、調べるようになっていく。別冊辞書が付属されていない場合、1クラス分を購入して対応している。習熟してきたら、「英和辞典」で行うとレベルが上がって楽しい。

あとがき

　いかがだったでしょうか。

　先生にとって価値ある実践が一つでも手に入ったのならこの本を出版して本当によかったと思います。

　教育現場ではたくさんの授業の導入ネタが日々開発されています。

　ところが、多くの実践はそれを必要としている多くの教師の手元に届くことはありません。

　せいぜい、同じ職場の同じ学年の先生に伝わる程度でしょう。

　学校でのよりよい実践は日々生まれているはずなのですが、それが全国の教師に届くことはないのです。

　実にもったいない話ですね。

　本書は一つでも多くの授業の導入ネタを発信していこうという試みです。

　多くの人がこの本を読むことで導入ネタがシェアされることでしょう。

　こうして少しでも実践を広げる努力をしていきたいと思っています。

　皆さんもご自分が生み出した授業の導入ネタを多くの人に発信していただけたら幸いです。

　本書もその一環として1人でも多くの先生の手に届くことを祈っています。

2024 年 12 月 22 日

村野　聡

[執筆者一覧]

国語（低学年）小泉町香　（東京都公立小学校）
国語（中学年）千葉雄二　（東京都公立小学校）
国語（高学年）増田直純　（東京都公立小学校）
算数（低学年）鈴木昌太郎　（東京都公立小学校）
算数（中学年）生沼堅一　（東京都公立小学校）
算数（高学年）吉田知寛　（東京都公立小学校）
社会（中学年）村野 聡　（元・東京都公立小学校）
社会（高学年）原 駿介　（東京都公立小学校）
外国語（低・中・高学年）竹内淑香　（東京都公立小学校）

読むだけで授業の腕が上がるメールマガジン
「谷和樹の教育新宝島」
TOSS代表・谷和樹が、
師である向山洋一の膨大な実践資料を
的確かつフレッシュに解説。毎週金曜日配信。
公式ウェブサイト：https://www.shintakarajima.jp/　➡

［編著者紹介］

村野 聡（むらの・さとし）

1963年　東京生まれ。教育学修士、教育YouTuber。
研究領域は、作文指導法、教材開発、社会科指導法。
公立小学校で34年間の教諭生活。担任一筋。その間、国語ワークテスト、社会科ワークテスト、社会科資料集、音読教材等、有名教材を手がけてきた。毎年「村野聡セミナー」開催。現在、教材開発士。
新しい教材開発や発信を進めている。YouTube「村野聡チャンネル」

若い先生のパートナーズBooK ／ 授業づくり
5秒で授業に熱中！
面白導入ネタ45選

2025年3月5日　初版発行

編著者	村野 聡
発行者	小島直人
発行所	株式会社 学芸みらい社

〒162-0833 東京都新宿区箪笥町31番 箪笥町SKビル3F
電話番号 03-5227-1266
https://www.gakugeimirai.jp/
e-mail：info@gakugeimirai.jp

印刷所・製本所	株式会社ディグ
企画	樋口雅子
校正	板倉弘幸
装丁	吉久隆志・古川美佐（エディプレッション）
本文組版	児崎雅淑（LiGHTHOUSE）

落丁・乱丁は弊社宛にお送りください。送料弊社負担でお取り替えいたします。
© Satoshi Murano 2025 Printed in Japan
ISBN 978-4-86757-069-2 C3037

若い先生のパートナーズBooK
PARTNERS' BOOK FOR YOUNG TEACHERS

教室とは、1対30で勝負する空間。
教師は、1人で30人を相手に学びを創る世界に飛び込むのだ。
次世代をエスコートする「教室の責任者」である担任は、

- 気力は眼にでる
- 教養は声にでる
- 秘められた感情は口元にでる

これらをメタ認知できる知識人にして行動人であれ。
その水源地の知恵が凝縮されたのが本シリーズである。

PARTNERS' BOOK
FOR
YOUNG TEACHERS

村野聡チャンネル

YouTubeから熱中教材のダウンロードができる

授業論

ダウンロード
熱中教材

教材研究

実践記録

村野聡チャンネルでは、外国語活動や国語などの子供が熱中するダウンロード教材の提供を中心に日々の授業で役に立つ授業論、教材研究、実践をほぼ毎日のペースで更新中。見逃したくない方はチャンネル登録をお願いします。

村野　聡（元公立小学校教諭・村野聡チャンネル主宰・教材開発士）

授業の腕が上がる新法則シリーズ　全13巻

監修：谷 和樹（玉川大学教職大学院教授）

新指導要領対応！

新教科書による「新しい学び」時代、幕開け！
2020年度からの授業スタイルを「見える化」誌面で発信！

4大特徴

| 基礎単元＋新単元をカバー | 授業アイデア＆スキル大集合 |
| 授業イメージ、一目で早わかり | 新時代のデジタル認識力を鍛える |

◆「国語」授業の腕が上がる新法則
村野 聡・長谷川博之・雨宮 久・田丸義明 編
978-4-909783-30-1 C3037　本体1700円（＋税）

◆「算数」授業の腕が上がる新法則
木村重夫・林 健広・戸村隆之 編
978-4-909783-31-8 C3037　本体1700円（＋税）

◆「生活科」授業の腕が上がる新法則※
勇 和代・原田朋哉 編
978-4-909783-41-7 C3037　本体2500円（＋税）

◆「図画工作」授業の腕が上がる新法則
1～3年生編※
酒井臣吾・谷岡聡美 編
978-4-909783-35-6 C3037　本体2400円（＋税）

◆「家庭科」授業の腕が上がる新法則
白石和子・川津知佳子 編
978-4-909783-40-0 C3037　本体1700円（＋税）

◆「道徳」授業の腕が上がる新法則
1～3年生編
河田孝文・堀田和秀 編
978-4-909783-38-7 C3037　本体1700円（＋税）

◆「プログラミング」授業の腕が上がる新法則
許 鍾萬 編
978-4-909783-42-4 C3037　本体1700円（＋税）

◆「社会」授業の腕が上がる新法則
川原雅樹・桜木泰自 編
978-4-909783-32-5 C3037　本体1700円（＋税）

◆「理科」授業の腕が上がる新法則※
小森栄治・千葉雄二・吉原尚寛 編
978-4-909783-33-2 C3037　本体2400円（＋税）

◆「音楽」授業の腕が上がる新法則
関根朋子・中越正美 編
978-4-909783-34-9 C3037　本体1700円（＋税）

◆「図画工作」授業の腕が上がる新法則
4～6年生編※
酒井臣吾・上木信弘 編
978-4-909783-36-3 C3037　本体2400円（＋税）

◆「体育」授業の腕が上がる新法則
村田正樹・桑原和彦 編
978-4-909783-37-0 C3037　本体1700円（＋税）

◆「道徳」授業の腕が上がる新法則
4～6年生編
河田孝文・堀田和秀 編
978-4-909783-39-4 C3037　本体1700円（＋税）

各巻A5判並製
※印はオールカラー

激動する社会の変化に対応する教育へのパラダイムシフト ── 谷 和樹

　PBIS（ポジティブな行動介入と支援）というシステムを取り入れているアメリカの学校では「本人の選択」という考え方が浸透しています。その時の子ども本人の心や体の状態によって、できることは違います。それを確認し、あくまでも本人にその時の行動を選ばせるという方法です。これと教科の指導とを同じに考えることはできないかも知れません。しかし、「本人の選択」を可能にする学習サービスが世界的に広がり、増え続けていることもまた事実です。

　また、写真、動画、Webページなど、全教科のあらゆる知識をデジタルメディアで読む機会の方が多くなっているのが今の社会です。そうした「デジタル読解力」について、今の学校のカリキュラムは十分に対応しているとは言えません。

　子どもたち「本人の選択」を保障する考え方、そして幅広い「デジタル読解力」を必須とする考え方を公教育の中で真剣に考える時代が到来しつつあります。

　本書ではこうしたニーズにできるだけ答えたいと思いました。

　本書の読者のみなさんの中から、そうした問題意識をもち、一緒に研究を進めていただける方がたくさん出てくださることを心から願っています。